"*Tive* o privilégio de conviver com Jen Wilkin por vários anos. Ela é uma mulher intoxicada pelo Deus da Bíblia e escreveu o livro *Incomparável* ao contemplar a majestade de Deus. A alma é curada não quando olhamos para os seus pedaços quebrados, mas ao olharmos para a beleza de seu Criador e ao nos entregarmos aos "Eu não posso, mas Deus pode." Eu oro para que, ao ler este livro, você sinta o alívio de pertencer ao único que é incomparável.

Matt Chandler, Pastor e coautor do livro Evangelho Explícito

"*Em* um mundo de cabeça para baixo que humanizou Deus e deificou o homem, Jen Wilkin nos traz a melhor notícia de todas: nosso Deus é infinitamente maior, mais poderoso, mais majestoso e mais maravilhoso do que nós podemos imaginar. Jen nos chama a levantarmos os nossos olhos, a fim de sinceramente contemplarmos os atributos de Deus e humildemente reconhecermos os nossos próprios limites. Os nossos corações ficarão maravilhados e cheios de temor pelo fato de um Deus assim ter se inclinado para nos salvar e amar ".

Nancy DeMoss Wolgemuth, Apresentadora do programa de rádio Revive Our Hearts

"*Este* livro me fez querer ter Jen Wilkin como minha melhor amiga. Mas muito mais do que isso, me fez agradecer pelo fato de o Deus de Jen ser também o meu Deus. Livros como este, teologicamente ricos, engraçados, pessoais e incisivos, são raros. Então não perca esta leitura."

Nancy Guthrie, Autora do livro Antes de Partir

"*Este* livro maravilhoso é cheio da verdade e cheio de Deus, o que significa que é muito bom para a minha alma. Ao explorar os atributos de Deus, Jen me lembra, de todas as maneiras, que eu não sou Deus e não tenho que ser Deus em meu ministério como esposa, mãe e cristã. Se a sabedoria verdadeira começa com o conhecimento de Deus e de nós mesmas, então este é um livro cheio de sabedoria.

Trisha DeYoung, Esposa de Kevin DeYoung,
autor de vários livros, incluindo Super Ocupado

**10 MANEIRAS EM QUE DEUS É DIFERENTE DE NÓS
(E POR QUE ISSO É ALGO BOM)**

JEN WILKIN

W683i Wilkin, Jen, 1969-
Incomparável : 10 maneiras em que Deus é diferente de nós (e por que isso é algo bom). / Jen Wilkin. – São José dos Campos, SP: Fiel, 2017.

201 p.
Tradução de: None like Him : 10 ways God is different from us (and why that's a good thing).
Inclui referências bibliográficas.
ISBN 9788581323930

1. Deus (Cristianismo) – Atributos. 2. Mulheres cristãs – Vida religiosa. I. Título.

CDD: 231.4

Catalogação na publicação: Mariana C. de Melo Pedrosa – CRB07/6477

Incomparável : 10 maneiras em que Deus é diferente de nós (e por que isso é algo bom)
Traduzido do original em inglês
None Like Him: 10 Ways God Is Different from Us (and Why That's a Good Thing)
Copyright © 2016 by Jennifer Wilkin

∎

Publicado por Crossway Books,
Um ministério de publicações de
Good News Publishers
1300 Crescent Street
Wheaton, Illinois 60187, USA.

Copyright © 2016 Editora Fiel
Primeira Edição em Português: 2017

Todos os direitos em língua portuguesa reservados por Editora Fiel da Missão Evangélica Literária

PROIBIDA A REPRODUÇÃO DESTE LIVRO POR QUAISQUER MEIOS, SEM A PERMISSÃO ESCRITA DOS EDITORES, SALVO EM BREVES CITAÇÕES, COM INDICAÇÃO DA FONTE.

∎

Diretor: Tiago J. Santos Filho
Editor-chefe: Tiago J. Santos Filho
Editora: Renata do Espírito Santo
Coordenação Editorial: Gisele Lemes
Tradução: D&D Traduções
Revisão: D&D Traduções, Renata do Espírito Santo
Diagramação: Wirley Corrêa - Layout
Capa: Rubner Durais
ISBN: 978-85-8132-393-0

Caixa Postal, 1601
CEP 12230-971
São José dos Campos-SP
PABX.: (12) 3919-9999
www.editorafiel.com.br

Introdução:
Tornando-se uma mulher temente a Deus 7

1 *Infinito*
O Deus sem limites 15

2 *Incompreensível*
O Deus de infinita cognoscibilidade 35

3 *Autoexistente*
O Deus de infinita criatividade 51

4 *Autossuficiente*
O Deus de infinita provisão 67

5 *Eterno*
O Deus de infinitos dias 81

6 Imutável
O Deus de infinita imutabilidade 99

7 Onipresente
O Deus de infinitos lugares..113

8 Onisciente
O Deus de infinito conhecimento 133

9 Onipotente
O Deus de infinito poder 153

10 Soberano
O Deus de infinito domínio..173

Conclusão:
Temível e maravilhoso 191

TORNANDO-SE UMA MULHER TEMENTE A DEUS

*Enganosa é a graça, e vã, a formosura,
mas a mulher que teme ao SENHOR, essa será louvada.*
— Provérbios 31.30

Se alguém tivesse me falado, cinco anos atrás, que eu escreveria um livro para mulheres cristãs que começaria com uma citação de Provérbios 31, eu provavelmente lhe daria um soco na face. Sem dúvida, nenhum outro capítulo das Escrituras é mais citado do que Provérbios 31 quando se quer falar para mulheres, mas permaneça comigo enquanto cambaleamos à beira de mais essa repetição. Para o propósito do trabalho que temos à mão, penso que Provérbios 31.30 mereça uma análise mais cuidadosa — uma vez que essa passagem fala sobre mulheres, mas mais que isso, porque ela fala sobre Deus.

Incomparável

Na casa da minha mãe, há dois pequenos porta-retratos ovais de um homem e uma mulher do fim do século XVIII. Eles são David e Nancy Coy, de Homer, estado de Nova Iorque, bisavós da minha bisavó por parte de mãe. Nós carinhosamente nos referimos a eles como "os ancestrais", respeitáveis cidadãos dos rebanhos congregacional e presbiteriano cujos olhares severos pareciam querer impedir que a civilização cometesse faltas. Eu imagino, pela expressão deles, que a vida não lhes era fácil. Nancy, em particular, tem uma expressão facial de quem não entendeu a piada. Seria possível até suspeitar que, se o artista tivesse ampliado o foco para incluir o corpo dela, nós descobriríamos que ela estava segurando uma velha cópia da Bíblia *King James*. Como os retratos de outras mulheres de seu tempo, ela é a própria materialização da imagem que temos quando ouvimos a frase "mulher temente a Deus". Atualmente, chamar alguém dessa maneira soa arcaico, talvez até sarcástico, mas nos dias de Nancy, isso seria tomado como um grande elogio, uma referência direta a Provérbios 31.30.

Hoje, se quisermos elogiar uma mulher como sendo piedosa, é provável que digamos algo como: "ela é tão apaixonada por Jesus" ou "ela tem um relacionamento íntimo com o Senhor". O retrato estereotipado de tal mulher seria uma fotografia de banco de dados com um fundo pouco nítido, envolvendo um campo, raios solares, braços estendidos e um sorriso beatífico, como aquela imagem de Julie Andrews na cena de abertura de *A Noviça Rebelde*. Essa não

INTRODUÇÃO

é uma forma ruim de retratar a piedade, mas é um grande contraste com Nancy. E me faz pensar, em respeito a Nancy, se não é possível para nós, mulheres modernas, questionarmos o que aconteceu com nossa ideia de "mulher temente a Deus". Não estou sugerindo que Nancy conhecesse uma versão melhor dessa ideia. Estou, na verdade, perguntando se existe uma concepção mais precisa de uma mulher temente a Deus entre o sorriso franzido sério e o piegas.

Aqui vai uma confissão um pouco chocante: se eu tivesse de escolher o versículo da Bíblia que mais me impactou, ele não estaria no capítulo 31 de Provérbios. Ele seria o Salmo 111.10. Eu me deparei com ele aos meus vinte e poucos anos, um período em que eu sentia que precisava, desesperadamente, crescer em sabedoria, mas não tinha uma clara ideia de por onde começar. Eu deveria estudar teologia? Ser discipulada? Memorizar as Escrituras? Minha fé naquele tempo era primariamente moldada por um sentimento: meu amor profundo por Deus. Mas eu sabia que precisava de sabedoria para seguir o Deus que eu dizia amar. E um dia, durante a minha leitura, lá estava o Salmo 111.10 respondendo à minha pergunta sobre por onde começar, da maneira mais inesperada:

O temor do SENHOR é o princípio da sabedoria.

Eu tive que ler esse versículo muitas vezes para absorvê-lo bem. A sabedoria que eu buscava começava *onde*? De todas as origens possíveis para a sabedoria, o *temor* do Senhor não era

Incomparável

uma em que eu teria pensado sozinha. Esse não foi um versículo que me fez querer deixar a música tocar, abrir meus braços e rodopiar num campo. O Deus da igreja onde fui criada era um confortável Deus-papai, alguém que eu imaginava como sendo bem parecido com o meu gentil e profundamente afetuoso pai terreno. A ideia de temer a Deus era estranha para mim. Como poderia o caminho para a sabedoria ter seu ponto de partida no temor do Senhor? Analisando o versículo, meus olhos tentavam substituir a palavra *temor* por *amor*. Não deveria o *amor* do Senhor ser o princípio da sabedoria? Como poderia a Bíblia dizer, ao mesmo tempo, que o perfeito amor lança fora todo medo e, logo em seguida, dizer que o temor era o primeiro passo rumo à sabedoria?

Minha concepção de Deus era a de que ele era alcançável e acessível, o Deus a quem a oração dominical carinhosamente se refere como "Pai nosso". E ele é assim. Ele é misericordiosa e gloriosamente aquele Pai. Porém, o que o temor do Senhor reconhece é que ele não é *apenas* isso. Ele também está "nos céus" e tem um nome que é santificado acima de todo nome. Ele é tanto um Deus que está perto de nós, quanto um Deus que transcende. O temor do Senhor compreende o fato de que o Pai, que fomos ensinados a chamar de "nosso", é também o Senhor do universo, entronizado entre os querubins, fazendo o que lhe apraz entre as nações.

Nem todas nós crescemos com um pai terreno carinhoso, muito menos com um conceito de um Deus-papai acessível. Apesar de conhecer a graça da salvação, muitas de nós ainda

INTRODUÇÃO

suspeitam que Deus (assim como Nancy) está continuamente franzindo as sobrancelhas, em reprovação. Mas a Bíblia pinta para nós um retrato de um Deus que não tem a expressão carrancuda, nem que nos mima, mas sim de um Deus que é o "Pai nosso" e que está "nos céus", num perfeito equilíbrio. Descobrir esse equilíbrio requer ter uma definição que realmente funcione para a forma como o Salmo 111.10 usa a palavra *temor*. E, para isso, podemos nos voltar para o livro de Hebreus.

O autor de Hebreus tem o cuidado de distinguir entre o temor da ira consumidora de Deus e o temor da santidade de Deus. Ambos podem nos fazer tremer, mas somente o segundo nos leva à adoração e ao arrependimento. Por causa de Cristo, você e eu não vamos, de forma acovardada, até o temível e trovejante Monte Sinai; ao invés disso, nós vamos, com expectativa, até o glorioso e acessível Monte Sião (Hb 12.18-24). Somos exortadas a responder a esse Deus "[servindo-lhe] de modo agradável, com reverência e santo temor; porque o nosso Deus é fogo consumidor" (vs. 28-29). Reverência e santo temor, e não pavor intenso, definem o correto temor do Senhor.

A reverência e o santo temor do Senhor são o princípio da sabedoria.

Quando tememos ao Senhor de maneira correta, não o fazemos como aqueles que se sentem aterrorizados por ele. Cristo, nosso mediador, nos assegura de que podemos nos aproximar do trono da graça com confiança. Não trememos

Incomparável

como os demônios fazem; eles muito corretamente temem a ira de Deus. Ao invés disso, nós trememos como aqueles que entendem que a ira de Deus contra nós foi satisfeita na cruz. Quando tememos a Deus da forma correta, nós o reconhecemos pelo que ele verdadeiramente é: um Deus sem limites, e, portanto, completamente diferente de qualquer coisa ou pessoa que conhecemos. Esse é o começo para se tornar sábio.

Mas considere a mensagem invertida do Salmo 111.10. Não apenas o temor do Senhor é o princípio da sabedoria, como também *o temor do homem é o princípio da tolice*. Essa é a exortação dupla de Provérbios 31:30 que nós precisamos urgentemente entender:

> *Enganosa é a graça, e vã, a formosura [o temor do homem é o princípio da tolice], mas a mulher que teme ao SENHOR, essa será louvada [o temor do Senhor é o princípio da sabedoria].*

Quando perdemos de vista a majestade de Deus, nós, invariavelmente, preenchemos a lacuna em nossa visão com a fantasia da majestade de alguma outra pessoa. Nós reverenciamos um cônjuge ou um líder. Adoramos nossos filhos ou uma amiga. Nós, até mesmo, prestamos reverência e admiração a nós mesmas. E isso é uma completa tolice. Não somente é imprudente dar nosso louvor a outro a não ser Deus, como também essa é a própria definição de irracionalidade. É um negócio esgotante.

INTRODUÇÃO

Então este é um livro que espera reivindicar a ideia da "mulher temente a Deus" contra os retratos amarelados, em antigas molduras ovais, assim como contra as fotografias editadas e adornadas do *Instagram*. Nas páginas a seguir, quero que consideremos a majestade de um Deus ilimitado. Quero que meditemos sobre suas perfeições, para que elas se tornem o mais racional objeto de nossa reverência e admiração. E, ao longo do percurso, quero que deixemos nossa tendência de pedir que outros, ou até nós mesmas, sejam aquilo que somente Deus é.

A vida é curta e preciosa demais para gastarmos tempo temendo as coisas erradas, de maneiras erradas. Proponho que aprendamos o santo temor a um Deus que é incomparável. Somente então o nosso medo do homem poderá ser enfrentado, nossa bajulação própria será deixada de lado e nossos corações serão voltados à adoração. Quero que nos tornemos mulheres *tementes a Deus* no verdadeiro sentido da expressão, que tomemos nosso lugar, com alegria, ao pé do Monte Sião, oferecendo verdadeira adoração ao nosso Pai que está nos céus. E, fazendo assim, nós começaremos a nos tornar sábias.

1

Infinito

O DEUS SEM LIMITES

Senhor, nós adoramos teus vastos desígnios,
Teu obscuro abismo de providência,
Profundos demais para serem sondados por vias mortais,
Escuros demais para serem vistos por sentidos débeis.
— Isaac Watts

No dia em que nasci, o doutor que realizou o parto escreveu com mão firme os dados do meu nascimento: três quilos, trezentos e doze gramas e cinquenta e três centímetros. Essa foi a primeira evidência legalmente atestada de que eu não era Deus.

Eu contribuiria com amplas provas nesse sentido ao longo dos anos, mas durante os primeiros momentos da minha vida, em 4 de fevereiro de 1969, muito antes que eu formasse meu primeiro pensamento de rebelião, proferisse minha primeira sílaba de provocação, ou tomasse meu primeiro passo desobediente, o abismo entre quem Deus é e quem eu sou já tinha sido firmemente estabelecido pelo simples fato de que eu era mensurável.

Incomparável

Qualquer discussão a respeito de como Deus é diferente de nós deve começar com um reconhecimento de que nós somos mensuráveis e ele não. Deus é infinito, não restrito por limites. Ele desafia medidas de qualquer espécie. Sua infinitude perpassa todos os seus atributos; seu poder, seu conhecimento, seu amor e sua misericórdia não são meramente grandes, mas infinitos e sem medidas. Ninguém pode colocar qualquer aspecto de quem Deus é em uma escala ou numa fita métrica.

Isso faz com que a tarefa de escrever um livro sobre seus atributos seja particularmente intimidadora. Um dos meus hinos favoritos fala sobre a infinitude de apenas um dos atributos de Deus: o seu amor. O compositor reflete sobre a futilidade de tentar compreender tal amor:

> Se pudéssemos encher o oceano com tinta,
> E fossem os céus feitos de pergaminho;
> Fosse cada caule na terra uma pena,
> E cada homem um escriba por profissão;
> Para escrever o amor de Deus lá no alto
> Secaria o oceano;
> Nem conseguiria o rolo conter o todo,
> Embora fosse estendido de céu a céu.[1]

Sou uma frágil escriba com escassa tinta e um rolo bem pequeno. E minha tarefa é compartilhar, pelo menos, algumas reflexões sobre dez dos atributos de Deus. Dez. Nunca estive tão

---

1 Frederick M. Lehman, "The Love of God", 1917.

ciente dos meus limites. Contudo, eu quero fazer a minha parte nesse contínuo esforço de descrever o indescritível. Fiéis escritores já fizeram isso por mim. Stephen Charnock, Arthur Pink, A.W. Tozer e R.C. Sproul exploraram o caráter ilimitado de Deus para grande proveito meu, e em graus que não sou competente para atingir. Mas espero nestas páginas tomar a elevada visão de Deus que esses autores esclareceram e fazer uma pergunta crucial: "Como o conhecimento de que Deus é _____ deveria mudar a maneira como vivo?". Que mudança mensurável deveria ocorrer como resultado da meditação sobre os atributos imensuráveis de Deus, tais quais descritos na Bíblia?

POR QUE AMAMOS MEDIR?

Nós, seres humanos limitados, somos amantes da medição; numeramos e contamos, quantificamos e traçamos. Se você olhasse para sua despensa, cada embalagem mostraria o peso de seu conteúdo. Os rótulos lhe diriam o número de calorias, de gramas de gordura e os carboidratos de cada item. Seu medidor de combustível lhe diz quão cheio está o tanque do seu carro. Seu relógio lhe diz quanto tempo você tem até o jantar. Seu orçamento lhe indica quanto pode gastar. Sua conta na rede social mede o seu círculo de amizades. Nós estamos alegremente cercadas, de todos os lados, por sistemas de medição.

Nossa compulsão por medir não é um desenvolvimento recente. Os povos antigos traçavam os movimentos dos céus; seus instrumentos de medição ainda estão visíveis em escavações de cânions e anéis de monólito. Eles mediam marés e

Incomparável

estações, o passar do tempo. Medir é a obsessão milenar do ser humano limitado que, ao perceber seus próprios limites, busca transcendê-los ao quantificar seu mundo. Pensamos que aquilo que conseguimos medir podemos, até certo ponto, controlar.

Um dos meus filmes favoritos é *Momentos Decisivos* (1986). Ele conta a história de um time de basquete da pequena cidade de Hickory, no estado norte-americano de Indiana, que alcança sucesso sob a liderança de seu treinador, Norman Dale. O final da história não é difícil de prever, e a trilha da década de 80 é um teste para os nervos. Há também uma cena na qual Gene Hackman e Barbara Hershey ganham o indisputável título de "o beijo mais esquisito na história da indústria cinematográfica". Mas à altura de 1h34, o filme alcança uma marca de genialidade.

Tendo chegado às finais estaduais de 1951, o time do treinador Dale, formado por garotos criados em fazendas da pequena cidade, dá a primeira olhada no lugar onde a partida final será disputada: um ginásio enorme, facilmente dez vezes maior que os ginásios das escolas de ensino médio onde o grupo tinha jogado ao longo da competição. Quando os olhos dos jogadores crescem ao ver a cena, Dale pega uma fita métrica. Ele pede aos garotos que meçam e lhe informem a distância do fundo da quadra até a linha de lance livre. Quatro metros e meio. Ele pede que dois jogadores meçam a distância do chão para a cesta. Três metros.

Com um pequeno sorriso, Dale comenta: "Penso que vocês acharão que são exatamente as mesmas medidas do nosso ginásio lá em Hickory".

INFINITO

A cena é genial porque ilustra uma verdade universal: ser capaz de medir é algo encorajador. Isso nos dá um certo conforto e senso de controle.

Nós somos tentadas a medir não apenas nossos ambientes, mas também nossos companheiros humanos. Quando conhecemos alguém, ou consideramos a viabilidade de um candidato político, ou entrevistamos alguém para um emprego, nós analisamos seus pontos fortes e suas fraquezas. Nós "medimos" o seu caráter e as suas habilidades, por assim dizer. Nós tentamos quantificar seus atributos, a fim de julgarmos quão dignos eles são de nossa confiança ou de nosso apoio e para mantermos as nossas expectativas num nível realista.

Nós também medimos a nós mesmas e aos outros para fins de comparação. Perguntas como: "Eu sou inteligente?" ou "Eu sou rica?" ou "Eu sou honesta?" são respondidas com: "Em relação a quem?". Nós escolhemos nossos critérios humanos com cuidado, frequentemente nos assegurando de que nos mediremos favoravelmente ao nos rodearmos de pessoas cujas falhas nos fazem parecer grandes por comparação. Nós dizemos a nós mesmas que, em comparação a X, nós realmente somos inteligentes, ricas e honestas. Mas, a menos que nossa medida de comparação seja mais inteligente, mais rica e mais honesta que nós mesmas, sustentaremos o mito da nossa própria supremacia. Acreditaremos que não há quem esteja à nossa altura. E é aí que um Deus que não pode ser medido começa a desconstruir o nosso senso de grandiosidade própria.

Incomparável

NOSSO IMENSURÁVEL DEUS MENSURADOR

Para a mente humana, preocupada em quantificar a criação e seus habitantes, buscando controlar pela medida e pela validação por comparação, a Trindade representa um enigma. O Deus da Bíblia é infinito — imensurável, não quantificável, incontrolável, irrestringível e completamente ilimitado. Não podemos medi-lo, não importa o quanto tentemos. Nós não podemos confiná-lo a limites físicos ou mentais. Nós não podemos controlá-lo nem nunca chegaremos à sua altura. O amigo de Jó, Zofar, expressa nosso dilema:

> Porventura, desvendarás os arcanos de Deus ou penetrarás até à perfeição do Todo-Poderoso? Como as alturas dos céus é a sua sabedoria; que poderás fazer? Mais profunda é ela do que o abismo; que poderás saber? A sua medida é mais longa do que a terra e mais larga do que o mar (Jó 11.7-9).

Davi louva a infinitude da grandeza de Deus:

> Grande é o SENHOR e mui digno de ser louvado; a sua grandeza é insondável. (Sl 145.3)

Salomão, da mesma forma, reconhece que Deus não tem limites:

INFINITO

Mas, de fato, habitaria Deus na terra? Eis que os céus e até o céu dos céus não te podem conter, quanto menos esta casa que eu edifiquei. (1 Rs 8.27)

Paradoxalmente, aquele que é imensurável é a medida de todas as coisas. Note este belo contraste em Isaías 40:

Quem na concha de sua mão mediu as águas e tomou a medida dos céus a palmos? Quem recolheu na terça parte de um efa o pó da terra e pesou os montes em romana e os outeiros em balança de precisão? Quem guiou o Espírito do Senhor? Ou, como seu conselheiro, o ensinou? (Is 40.12-13).

Dito de maneira sucinta, quem mediu tudo? Deus. Quem mediu Deus? Ninguém.

Num paradoxo alarmante, o Deus imensurável se preocupa com as medidas de arcas e tabernáculos, templos e cidades. O Deus sem limites limita os oceanos. Ele cataloga fios de cabelo. Ele enumera as estrelas e os grãos de areia. Nosso Deus sem limites especifica o comprimento de nossos membros e a circunferência de nosso crânio. Ele mede nossos dias em palmos, amorosamente e com propósito. E tudo o que ele mede é perfeito em medida. Tudo o que ele limita está perfeitamente limitado. Contudo, ele mesmo é infinitamente cognoscível — sem limites, sem medidas, sem restrições.

Incomparável

O DEUS SEM LIMITES

O que Zofar disse, o que Davi e Salomão adoraram e o que Isaías compreendeu foi isto: Deus não tem concorrentes. Não apenas isso, mas ele mede e decreta os limites dentro dos quais sua criação permanecerá. Nossas vidas, como seguidoras de Cristo, devem ser dedicadas à identificação e celebração dos limites que Deus ordenou para nós. Ele amorosamente nos ensina através de sua Palavra, através de provações e através de disciplina. Ele nos humilha através desses meios para nos lembrar de que nós não somos como ele, nem ninguém ou qualquer coisa que conhecemos.

Ninguém é como o nosso Deus. O Deus da Bíblia é incomparável, infinitamente acima de sua criação. Dizer que ninguém ou nada é como ele é tentar expressar o ilimitado em termos limitados. Qualquer comparação ficará aquém. Assim como os autores das Escrituras procuraram uma linguagem humana adequada para aplicar às visões celestiais, da mesma forma nós nos encontramos mal equipados para expressar as perfeições de Deus. Ainda assim, devemos nos empenhar em tentar. Como os israelitas com as sandálias ainda sujas pela areia das margens do Mar Vermelho, nós sentimos o peso da pergunta que não quer calar:

> *Ó SENHOR, quem é como tu entre os deuses? Quem é como tu, glorificado em santidade, terrível em feitos gloriosos, que operas maravilhas? (Êx 15.11).*

INFINITO

O salmista também se maravilha:

Quem há semelhante ao SENHOR, nosso Deus, cujo trono está nas alturas, que se inclina para ver o que se passa no céu e sobre a terra? (Sl 113.5-6).

A resposta é, obviamente, ninguém. A criação, existente dentro dos limites de tempo e espaço, não pode se comparar aos esplendores de um Deus sem limites, muito menos articular plenamente esses esplendores. No entanto, desde os nossos primeiros momentos de vida, a rivalidade tem sido nosso intento.

TORNANDO-SE COMO DEUS

Tão logo meu primeiro filho conseguiu engatinhar, ele começou a explorar os limites de seu mundo. O que ele tinha permissão para tocar? O que estava fora dos limites? Qualquer pai pode dizer que se você colocar uma criança pequena num cômodo vazio, com vinte objetos, os quais ela pode tocar exceto um deles, um fenômeno interessante acontecerá. De início, ela até pode brincar contente com o que lhe é permitido, mas não vai demorar muito até que seus olhos se voltem para o item proibido. Logo ela começará a se mover para mais perto dele, talvez estendendo uma mão, mas sem realmente tocar o objeto. Uma admoestação gentil pode levá-la a voltar o olhar para seus pais e a reconsiderar seu curso, mas, eventualmente, não havendo

Incomparável

alguma intervenção física dos pais, ela provavelmente colocará a mão sobre aquele único objeto dentre os vinte que ela não poderia tocar.

Eu me lembro de tentar conter minha risada quando esse fato aconteceu diante dos meus olhos. A batalha moral dentro do meu filho era evidente, e ela era cômica tanto por sua honestidade inexperiente quanto por sua familiaridade. Não superamos nosso desejo de testar limites. Com a idade, aprendemos a ter autocontrole o suficiente para não colocarmos nossos dedos molhados em tomadas, ou para não escrevermos nossos nomes nas paredes com hidrocor, mas ainda carregamos dentro de nós a mesma compulsão por fazer aquilo que não devemos, por alcançar aquilo que não devemos tocar. Somos seres que desrespeitam limites, quebram barreiras, pulam muros, carregando dentro de nós a crença de que nosso Pai celestial quer nos tirar algo que é útil ou prazeroso. Mesmo quando desfrutamos das coisas boas que ele nos dá, temos uma grande noção dos limites que ele nos coloca, e questionamos a validade deles. Embora Deus nos dê dezenove coisas boas e nos avise para nos mantermos longe de um único perigo, nós suspeitamos que o que nos é privado não é perigoso, mas sim desejável.

Vemos este mesmo padrão nas primeiras páginas da Bíblia. Amorosamente colocados num ambiente planejado para sua segurança e prazer, nossos pais Adão e Eva pensaram que ser criado à imagem de Deus era uma licença para se tornar como Deus. Não era suficiente carregar a imagem de Deus dentro

INFINITO

dos limites da existência humana. Não, apenas ser como ele serviria. O criador os estava protegendo. Mas uma voz astuta sugeriu que ser ilimitado estava dentro de seu alcance:

> *Então, a serpente disse à mulher: É certo que não morrereis. Porque Deus sabe que no dia em que dele comerdes se vos abrirão os olhos e, como Deus, sereis conhecedores do bem e do mal (Gn 3.4-5).*

Então, o finito estendeu a mão para colher o infinito em um galho, e a história humana começou seu corrosivo padrão de se rebelar contra Deus, cavando e erodindo cada montanha e vale da criação com as incansáveis repetições daquele primeiro gesto: o braço estendido do humano aspirando ao divino.

REFLETIR OU RIVALIZAR?

E assim tem sido desde então: seres humanos criados para *carregarem a imagem de Deus*, ao invés disso, aspiram *tornar-se como Deus*. Projetadas para refletir sua glória, nós escolhemos, ao invés disso, rivalizá-la. Fazemos isso buscando aqueles atributos que são verdadeiros apenas em relação a Deus, aqueles que se adequam apenas a um ser ilimitado. Ao invés de louvarmos e confiarmos na onisciência de Deus, nós desejamos ser oniscientes. Ao invés de celebrarmos e reverenciarmos sua onipotência, nós buscamos o poder supremo em nossos próprios lugares de influência. Ao invés de descansarmos na imutabilidade de Deus, nós apontamos para nossos calcificados padrões de pecado e

25

Incomparável

nos declaramos constantes e imutáveis. Como nosso pai Adão e nossa mãe Eva, ansiamos por aquilo que é pertinente apenas a Deus, rejeitando os limites que nos foram dados por ele próprio e desejando a não limitação que nós, de maneira tola, cremos ser capazes de dominar e ter o direito de possuir.

Mesmo redimidas, desejamos o fruto proibido da rivalidade.

Os teólogos fazem duas listas nas quais descrevem quem Deus é. Uma lista contém os traços que são verdadeiros apenas para Deus. A outra contém as características que são verdadeiras para Deus, mas que também podem se tornar verdadeiras para nós. Aqui está um exemplo de tais listas:

Somente Deus é:	Deus é (e nós podemos ser):
Infinito	Santo
Incompreensível	Amoroso
Autoexistente	Justo
Autossuficiente	Bom
Eterno	Misericordioso
Imutável	Gracioso
Onipresente	Longânimo
Onisciente	Sábio
Onipotente	Zeloso (por sua glória)
Soberano	Fiel
	Reto
	Verdadeiro

Cada característica em ambas as listas é infinitamente verdadeira quanto a Deus. Quando o Espírito Santo habita em nós, a lista à direita pode se tornar verdadeira quanto a nós também. É uma lista de características nas quais podemos crescer conforme caminhamos em obediência aos mandamentos de Deus. Quando falamos sobre ser "conforme a imagem de Cristo", essa é a lista que estamos descrevendo. Ela nos mostra como *refletir* quem Deus é, assim como Jesus fez.

O problema que quero examinar nas páginas deste livro tem a ver com a forma como nós, humanos, tratamos a lista da esquerda. Embora essa lista possa ser verdadeira apenas em relação a Deus, nós queremos que ela seja verdadeira para nós também. Isso revela como tentamos *rivalizar* contra Deus. Queremos que essa lista seja verdadeira para nós mais do que a lista à direita. Para confirmar como essa afirmação é verdadeira, pergunte a si mesma:

1. Quantas pessoas gastam seu dia buscando uma forma de alcançar *amor* ilimitado pelos outros?

2. Quantas pessoas gastam seu dia buscando uma forma de alcançar *poder* ilimitado sobre os outros?

Embora nós saibamos que a lista à direita é para o nosso bem e para a glória de Deus, inclinamo-nos em direção à lista da esquerda — uma lista que não é boa para nós, nem sua busca traz glórias para Deus. Ela, na realidade, busca usurpar sua glória. É uma lista que sussurra, assim como a serpente sussurrou para Eva: "você será como Deus". É natural que a inclinação do coração pecador seja a de desejar essa lista, mas

Incomparável

como aqueles a quem foi dado um novo coração com novos desejos, nós devemos aprender a desejar a lista à direita, que representa a vida abundante que Jesus veio nos dar.

Este livro foca especificamente a lista dos atributos que são verdadeiros apenas para Deus. Examinaremos como podemos dar o nosso tempo e nossos esforços para compreendê-la, buscando abandonar os limites de nosso direito inato como humanos finitos. E aprenderemos a confiar essa lista a um Deus infinito.

Devemos recuperar a verdade que foi omitida pela serpente: ao invés de sermos como Deus em sua divindade ilimitada, nós devemos ser como Deus em nossa humanidade limitada. Somos capazes de carregar sua imagem como deveríamos somente quando aceitamos nossos limites. Ter tal imagem significa tornarmo-nos completamente humanos, e não nos tornarmos divinos. Isso significa refletir, como seres limitados que somos, as perfeições de um Deus ilimitado.

Nossos limites nos ensinam o temor do Senhor. Eles são lembretes para evitar que creiamos, falsamente, que podemos ser como Deus. Quando chego ao limite da minha força, eu louvo aquele cuja força nunca falha. Quando chego ao limite da minha razão, eu adoro aquele cuja razão não se pode alcançar.

Por isso, faz sentido que a nossa autoadoração, tão frequentemente, nos convença de que somos (ou deveríamos ser) seres ilimitados. Mas nós não queremos a não limitação apenas para nós mesmas — tendemos a querê-la para outros também.

28

INFINITO

POR QUE LUAS DE MEL NUNCA DURAM

Acontece mais cedo ou mais tarde em todo relacionamento: alguém irá decepcioná-la. Temos um nome para os estágios iniciais de um relacionamento: a "fase de lua de mel" — aquele período azul quando tudo, exceto a decepção, parece possível. Nós amamos a fase de lua de mel porque ela não requer esforços. A outra pessoa na relação se mostra completamente digna de nosso amor e de nossa confiança, e não podemos acreditar quanto tempo gastamos tolerando relacionamentos inferiores quando esse tipo de conexão era possível. É um prazer presentear a outra pessoa com nossa afeição. Sempre será assim.

Mas, então, algo acontece — uma ligação não retornada, uma opinião da qual não estávamos cientes, um hábito irritante que não tínhamos notado, uma falha de caráter que estava escondida, uma fraqueza de algum tipo. Um limite. Nós aprendemos que nosso herói, ou nosso amante, ou nossa melhor amiga não possui amabilidade ilimitada. Eles são falhos. E aí vem a decepção. Encaramos um dilema: tentaremos colocá-los de volta ao pedestal que eles ocupavam durante a fase de lua de mel ou permitiremos que eles sejam, como se diz, "apenas humanos"?

Eu suponho que esse ciclo relacional seja familiar a você. Nós todas o experimentamos. Algumas de nós tiveram um pai que pensavam ser um super-herói, até que atingiram a fase adulta. Algumas de nós tiveram uma amiga íntima que pensavam ser completamente confiável, até que ela demonstrou não

29

Incomparável

ser. Algumas de nós tiveram pastores, ou cônjuges, ou líderes políticos que acreditavam nunca poder desapontá-las — apenas para descobrirem que eles também tinham limites. Não é coincidência que nós comumente falemos desse tipo de decepção como a ruína de um ídolo. Quando pedimos que outro ser humano seja confiável em qualquer área, estamos pedindo que alguém que é "apenas humano" seja Deus.

É por isso que o grande mandamento tem tanto cuidado em nos instruir a amar aqueles que são "apenas humanos". Ele diz a um humano limitado que ame a Deus e os outros tão infinitamente quanto possível. Mas para amar os outros tão infinitamente quanto possível, devemos aprender a morrer diariamente para a nossa tendência de medir e comparar nossos limites.

Ou talvez, mais precisamente, teremos que aprender a medir como Deus mede e a contar como Deus conta.

Ele conta nossos sofrimentos. Eles não são infinitos. Eles são mensuráveis — contáveis, contidos e registrados:

> *Contaste os meus passos quando sofri perseguições; recolheste as minhas lágrimas no teu odre; não estão elas inscritas no teu livro? (Sl 56.8)*

Ele mede os nossos pecados, porém a sua graça imensurável excede a todos. Misericordiosamente, nossos pecados são finitos em número, o produto de seres finitos:

> *Mas onde abundou o pecado, superabundou a graça. (Rm 5.20)*

INFINITO

Ele não conta os nossos pecados contra nós, por causa de Cristo:

Bem-aventurados aqueles cujas iniquidades são per-doadas, e cujos pecados são cobertos; bem-aventurado o homem a quem o Senhor jamais imputará pecado (Rm 4.7-8).

E, por causa de Cristo, Deus nos exorta a aprendermos a considerar os outros como Cristo nos considerou:

Nada façais por partidarismo ou vanglória, mas por hu-mildade, considerando cada um os outros superiores a si mesmo (Fp 2.3).

Ele nos chama a reexaminarmos as avaliações de nossos sucessos humanos:

Mas o que, para mim, era lucro, isto considerei perda por causa de Cristo. Sim, deveras considero tudo como perda, por causa da sublimidade do conhecimento de Cristo Je-sus, meu Senhor (Fp 3.7-8).

E ele muda a avaliação da nossa adversidade, de maldição para bênção:

Meus irmãos, tende por motivo de toda alegria o passar-des por várias provações (Tg 1.2).

Incomparável

É possível que esse processo de crescimento no temor do Senhor seja uma simples questão de reaprender a forma de contar? Aprendendo a adorar a Deus em sua imensurabilidade, aprendendo a tomar medida de nós mesmas, de nossos pecados, de nossas circunstâncias e do próximo de maneira precisa, nós poderemos, enfim, dizer como Davi: "Caem-me as divisas em lugares amenos, é mui linda a minha herança" (Sl 16.6). É com essa mentalidade que o rivalizar cessa e o refletir tem início.

Nosso registro de nascimento anuncia que somos limitados. Nossas limitações foram planejadas. Gastarmos o restante de nossas vidas negando ou aceitando essa verdade faz toda a diferença na forma como amamos a Deus e os outros. Oro para que, nas páginas por vir, um retrato limitado de um Deus ilimitado nos mova em direção a uma maior dependência do nosso infinitamente confiável Deus.

Nota: ao final de cada capítulo, você encontrará versículos, perguntas e uma sugestão de oração a fim de ajudá-la a lembrar e a aplicar o que leu. Considere a possibilidade de ter um diário, no qual você copie ou parafraseie cada um dos versículos para meditação, anotando o que cada um deles acrescenta ao seu entendimento sobre o atributo analisado naquele capítulo. Depois, escreva no diário suas respostas às perguntas, bem como uma oração.

VERSÍCULOS PARA MEDITAÇÃO

1 Rs 8.27

Sl 119.96

Is 40.12-13

PERGUNTAS PARA REFLEXÃO

1. Qual é a sua resposta emocional ao conhecimento de que Deus não pode ser medido?
2. De quais maneiras você já tentou medir Deus? Quais limites você tem colocado (ou desejou colocar) em seu caráter ou em sua vontade?
3. Contra qual limitação ou restrição dada por Deus você mais quer se rebelar? Como essa limitação pode servir para o seu bem? E para a glória de Deus?
4. Quem são as pessoas em sua vida cujos limites você precisa aceitar? Quem são as pessoas em sua vida que precisam aceitar os seus limites? De que forma você poderia definir limites amorosos nesses relacionamentos?

ORAÇÃO

Escreva uma oração ao Senhor pedindo a ele que lhe mostre maneiras pelas quais você tentou "medi-lo". Peça a ele que lhe mostre como sua própria limitação pode trazer glórias a ele. Peça a Deus para mostrar-lhe as maneiras pelas quais você pensou nele como tendo limites em relação a quem ele é ou o que pode fazer. Louve-o por ser ilimitado.

2

Incompreensível

O DEUS DE INFINITA COGNOSCIBILIDADE

Grande é o SENHOR e mui digno de ser louvado;
a sua grandeza é insondável.
— *Salmo 145.3*

Qualquer pessoa que cresceu numa pequena cidade pode se identificar com o ditado: "santo de casa não faz milagre". Minha cidade natal, embora não tão pequena, se encaixa nesse modelo — nós nos surpreendemos quando qualquer um de nós se dá bem. Eu chamo isso de "Síndrome de Cidade Pequena". Quando você conhece os pais de um garoto, a igreja que ele frequentava e a casa onde ele cresceu, e quando você vai à mesma escola que ele desde o primário até o nono ano, você se sente capaz de quantificar os limites de potencial dele com um certo nível de precisão. Você sabe quem provavelmente nunca será grande coisa, e, quando alguém

Incomparável

supera suas expectativas, o choque é suficiente para alimentar fofocas por vários anos.

Uma amiga minha cresceu na mesma cidadezinha que um famoso ator de *Hollywood*. Quando perguntei se havia qualquer indicação de talento, minha amiga disse que se lembra pouco dele, exceto de que ele era bonito e conhecido pelas garotas da cidade como alguém que "beijava muito mal". (Agora, toda vez que o vejo beijar uma mulher na "telona", o romance do momento é arruinado, porque fico procurando por sinais de aversão no rosto de quem está sendo beijada.)

Suspeito que todas as pessoas de sucesso tenham aqueles em seu passado que veem seu sucesso com um certo ar de desprezo, tendo-as "conhecido quando elas...". E todas nós podemos, em alguma medida, nos identificar com a experiência de sermos desprezadas ou subestimadas pelas pessoas mais próximas de nós. Considere outro alvo da "Síndrome de Cidade Pequena":

> *Tendo Jesus partido dali, foi para a sua terra, e os seus discípulos o acompanharam. Chegando o sábado, passou a ensinar na sinagoga; e muitos, ouvindo-o, se maravilhavam, dizendo: Donde vêm a este estas coisas? Que sabedoria é esta que lhe foi dada? E como se fazem tais maravilhas por suas mãos? Não é este o carpinteiro, filho de Maria, irmão de Tiago, José, Judas e Simão? E não vivem aqui entre nós suas irmãs? E escandalizavam-se nele. Jesus,*

*porém, lhes disse: Não há profeta sem honra, senão
na sua terra, entre os seus parentes e na sua casa
(Mc 6.1-4).*

O povo de Nazaré pensava que conhecia Jesus. E, em sua familiaridade, eles desprezavam os seus ensinos. Eles não podiam aceitar que Jesus fosse mais do que eles conheciam. Eles acreditavam que o conhecimento que tinham dele era completo e preciso, e, portanto, desprezavam-no facilmente. Eles o viam apenas como um homem, alguém a quem pudessem medir.

CONHECENDO APENAS EM PARTE

No capítulo anterior, nós vimos que Deus não pode ser medido. Uma vez que o nosso objetivo com este livro é conhecer mais sobre Deus, devemos abordar a forma como a sua infinitude afeta a sua cognoscibilidade. Conhecer quem é Deus importa para nós. Isso muda não apenas a maneira pela qual pensamos sobre ele, mas o modo como pensamos sobre nós mesmas. O conhecimento de Deus e o conhecimento de si mesma andam de mãos dadas. De fato, não há conhecimento verdadeiro de si mesma à parte do conhecimento de Deus. Nós não podemos entender corretamente nossa limitação humana até que a comparamos ao fato de Deus ser ilimitado. Conhecendo a verdade sobre ele, aprendemos a verdade sobre nós. Entretanto quanto nós o conhecemos? Porque Deus é infinito, também é infinito o conhecimento de quem ele é.

Incomparável

Deus é incompreensível. Isso não significa que ele não seja passível de ser conhecido, mas sim que não é possível conhecê-lo por completo. É o dever feliz, a tarefa prazerosa de seus filhos , passar a vida, tanto a presente quanto a futura, descobrindo quem ele é. De acordo com Jesus, conhecer a Deus é o objetivo fundamental da vida: "E a vida eterna é esta: que te conheçam a ti, o único Deus verdadeiro, e a Jesus Cristo, a quem enviaste" (Jo 17.3). Temos prazer em crescer no conhecimento do Pai.

A verdade de quem Deus é nos rodeia. Romanos 1 diz que todos os povos têm algum conhecimento de Deus, apenas por ver a criação ao seu redor. O *Grand Canyon* pinta os contornos de seu caráter com pinceladas largas; majestade, eternidade, onipotência — todas se manifestam a olho nu. Mas o crente, que habita o Espírito Santo, recebe um conhecimento ainda mais profundo de Deus, encontrado nas páginas da Bíblia. A Escritura esboça seu caráter com uma caneta de ponta fina para aqueles que têm olhos para ver, elaborando ao longo de sessenta e seis livros a história de quem ele é, o que ele fez e o que ainda fará.

Mesmo com essas declarações, Deus não pode ser completamente conhecido pelos humanos. Cristãos meditaram sobre a natureza e o caráter de Deus por milhares de anos. Inúmeros livros têm sido escritos sobre Deus, mas a soma deles não contém a plenitude de seus atributos. A mente humana, em sua finitude, não pode compreender nem expressar por completo um Deus que é infinito. Mesmo o mais talentoso teólogo irá apenas raspar a superfície do entendimento de quem Deus é. Ele é completamente conhecido apenas para si mesmo. Dizendo em outras palavras: o único especialista sobre Deus é o próprio Deus.

CONHECIMENTO SUFICIENTE

Entretanto, não tema: embora Deus não possa ser conhecido por completo, ele pode ser *suficientemente* conhecido. O que podemos conhecer sobre ele, pela criação e pela Bíblia, é suficiente para nossa salvação e nossa santificação. Não apenas isso, mas é também mais que suficiente, em quantidade, para nos manter em constante contemplação e reflexão até que o vejamos face a face. Se fôssemos capazes de conhecê-lo completamente, nós o desprezaríamos. Porque ele não pode ser conhecido por completo, a familiaridade nunca poderá gerar desprezo.

Ao longo desta vida, nós não chegaremos ao fim de nossa contemplação de Deus. Embora o conheçamos apenas em parte, nós o amamos profundamente. O que não conhecemos sobre ele serviria apenas para aumentar o nosso amor, caso ele o revelasse a nós. Sem dúvida, nós passaremos a eternidade desfrutando de uma revelação sempre crescente das coisas que ainda não conhecemos sobre Deus. Porque ele é infinitamente bom, as coisas que não conhecemos sobre ele são apenas coisas boas.

Não podemos dizer o mesmo sobre nós. Se você pudesse saber tudo o que não sabe sobre mim, descobriria tanto coisas

Incomparável

boas quanto más. Todos nós temos segredos. Em certo sentido, Deus tem infinitos segredos sobre si mesmo, mas eles são apenas tesouros preciosos. Os atributos secretos de Deus, se os descobrirmos um dia, irão trazer-nos apenas prazer e segurança. O infinito desconhecido de Deus não possui qualquer duplicidade que abalaria a nossa fé, mas apenas uma multiplicidade de perfeições esperando para serem descobertas por toda a eternidade.

Aqui, novamente, vemos a grande diferença entre Deus e suas criaturas. Porque Deus é infinito, ele é incompreensível, impossível de ser completamente conhecido. Porque os humanos são finitos, nós podemos ser completamente conhecidos. E as implicações de nossa compreensibilidade deveriam mudar a forma como vivemos.

DERRUBANDO O MITO DA INCOMPREENSIBILIDADE HUMANA

A primeira vez que fiz um teste de personalidade foi na faculdade. Era o teste *Meyers-Briggs*, um instrumento de medição muito bem pesquisado, que agrupa os avaliados em dezesseis perfis de personalidade baseados em suas respostas a noventa e quatro perguntas. Eu mal podia esperar para ver o resultado. E se você já fez um teste de personalidade, suponho que tenha se sentido da mesma forma. Amamos esses testes porque eles falam sobre nosso tema favorito: nós mesmas.

O resultado do meu teste foi claro, colocando-me em uma categoria que provavelmente não surpreenderia ninguém

INCOMPREENSÍVEL

que me conheça. Como me senti quanto ao resultado foi algo menos claro. Por um lado, eu amava poder ter conhecimento sobre como minhas preferências e julgamentos moldavam minhas respostas para o mundo ao meu redor. Por outro lado, senti certa tristeza por saber quão previsível eu era. Como poderia um conjunto de questões ordinárias me classificar tão facilmente no tipo correto? E por que havia tão poucos tipos? Por falar nisso, por que há tipos, afinal? A percepção de minha própria singularidade, minha "particularidade", ficou um pouco abalada. Não apenas isso, mas o teste avaliou não somente meus pontos fortes, mas também minhas fraquezas. Senti-me exposta. Se o teste pôde diagnosticar minhas faltas tão rapidamente, parecia provável que qualquer um que eu conhecesse conseguiria fazê-lo também.

A premissa do *Meyers-Briggs*, e de todos os outros teste de personalidade, é que comportamentos e preferências podem ser generalizados. Eles encontram uma ordem onde nós apenas vemos combinações aleatórias de preferências e julgamentos. E eles desafiam nossa crença de que somos criaturas complexas. Creio que eles também apontam para quão diferentes somos de Deus em um aspecto perturbador: nós, humanos, queremos acreditar que somos incompreensíveis, — impossíveis de sermos completamente entendidos — mas nós não somos.

Somos cognoscíveis. Completamente.

Mas não por um teste de personalidade ou por outra pessoa. Outras pessoas podem ter alguma ideia sobre nossos pontos

Incomparável

fortes e nossas fraquezas, nossas virtudes e nossos vícios, por meio de observação ou de um instrumento como o *Meyers-Briggs*, mas elas não podem nos conhecer plenamente. Uma razão para isso é porque somos mestres da dissimulação, mesmo para com aqueles que amamos e em quem confiamos. Nós somos excelentes em manifestar as nossas melhores qualidades enquanto cuidadosamente escondemos as nossas falhas. E porque outras pessoas têm um interesse apenas limitado em cavar as profundezas de nosso caráter, conseguimos escapar. "O homem vê o exterior" e se contenta em fazer apenas isso, estando tão tipicamente envolvido somente com seus próprios segredos que tem pouco tempo para se preocupar com os segredos do seu próximo.

Não, nosso próximo não pode nos conhecer plenamente; mas ainda mais preocupante é o fato de que nós não conhecemos nem podemos conhecer a nós mesmas completamente. Uma das verdades mais assustadoras que a Bíblia implora para que reconheçamos é que não conhecemos o nosso próprio coração. Refletindo sobre isso, o salmista diz: "Quem há que possa discernir as próprias faltas?" (Sl 19.12). O profeta Jeremias nos alerta sobre o fato de nossos corações serem caracterizados, acima de tudo, por uma deslealdade interna e penetrante que frustra o autoconhecimento:

> Enganoso é o coração, mais do que todas as coisas, e desesperadamente corrupto; quem o conhecerá?
> (Jr 17.9)

Não conhecemos nossos próprios corações. Sinto-me bastante ciente dessa verdade toda vez que ouço um sermão sobre pecado. Quando o pregador inicia sua fala sobre o pecado X, começo a elaborar uma lista mental de todas as pessoas que conheço que precisariam ouvir aquela mensagem e se arrepender. Eu passo pelas listas daqueles que me ofenderam com o pecado X, tramando como posso discretamente levar a sabedoria daquele sermão até eles e, assim, dar vista aos cegos. Mas quão raramente e tardiamente ocorre-me que a mensagem era para mim? Estou tão despercebida em relação às minhas próprias tendências pecaminosas, que me achego a um sermão para sentar e julgar os outros, ao invés de me submeter a julgamento. Sou tão ignorante da minha própria escravidão ao pecado X, que perco, por completo, a palavra de correção sendo graciosamente entregue — *a mim*.

COGNOSCÍVEL E CONHECIDA

Quero acreditar que sou um caso especial, a exceção à regra, a possuidora de uma circunstância atenuante da qual os outros não estão cientes. Quando me é oferecida a correção, digo a mim mesma que ela foi dada equivocadamente. Se as pessoas me conhecessem de verdade, elas saberiam que estão erradas em encontrar falhas. E meu coração enganoso fica feliz em perpetuar essa mentira por todos os dias da minha vida. Graças a Deus, ele não permite tal coisa. Ele graciosamente segura o espelho de sua Palavra, e meu coração é exposto. Sou relembrada de que sou plenamente cognoscível e plenamente conhecida.

Incomparável

Deus não é apenas um especialista sobre si mesmo. Ele também é um especialista sobre mim.

> *SENHOR, tu me sondas e me conheces.*
> *Sabes quando me assento e quando me levanto;*
> *de longe penetras os meus pensamentos.*
> *Esquadrinhas o meu andar e o meu deitar*
> *e conheces todos os meus caminhos.*
> *Ainda a palavra me não chegou à língua,*
> *e tu, SENHOR, já a conheces toda.*
> *Tu me cercas por trás e por diante e sobre mim pões a mão.*
> *Tal conhecimento é maravilhoso demais para mim:*
> *é sobremodo elevado, não o posso atingir (Sl 139.1-6).*

Ele me conhece por completo — cada pensamento e cada intenção, cada percepção e cada julgamento, cada resposta para o mundo ao meu redor, sem precisar de qualquer teste de personalidade. Ele entende meus maiores pontos fortes e meus constantes pecados. Até mesmo as tentações que enfrento são tão conhecidas para ele, que ele as chama de "comum aos homens" (1 Co 10.13 - NVI). Apreendendo com completa precisão o melhor e o pior de mim, ele não se impressiona nem fica horrorizado. Ele me aceita como eu sou por causa de Cristo. Nada está escondido diante daquele que formou o íntimo do meu ser; e porque sou plenamente conhecida, sou completamente livre para amar o Deus que conheço apenas em parte.

Embora não o conheça por completo, o pouco que conheço é motivo para o mais profundo amor que o coração humano pode produzir.

E a partir desse amor, eu aprendo a trocar o mito da incompreensibilidade humana pela misericórdia da cognoscibilidade humana. Aprendo a confiar na expertise de Deus.

EXPERTISE DIVINA

Não, eu não sou uma expert sobre o meu próximo. Somente Deus o é. Pode até ser prazeroso ser rápida em diagnosticar as faltas do meu próximo e prescrever um tratamento, mas meu coração tão ímpio me engana com a mentira de que tenho alguma habilidade para fazer tal coisa. Reconhecer isso deveria me ajudar a caminhar com compaixão por aqueles ao meu redor. Ao invés de presumir que entendo suas motivações e dificuldades, eu posso presumir que nem eu nem eles podem diagnosticar plenamente o problema. Mas Deus pode. E então posso ser rápida em interceder por eles ao invés de julgar. Se eu sou completamente conhecida e não sou rejeitada por Deus, quanto mais devo eu estender graça ao meu próximo, a quem conheço apenas em parte?

Não, eu não sou uma expert sobre mim mesma. Somente Deus o é. Sua Palavra dá um verdadeiro diagnóstico do meu estado, habilidosamente pastoreando meus pensamentos e intenções em direção ao caminho da vida. Reconhecer isso deveria me ajudar a permanecer bem ciente da minha tendência em acreditar na minha própria versão autopromovida de quem

Incomparável

eu sou. Devo lembrar que o sermão tem uma palavra de correção para mim antes de buscar aplicá-lo a alguma outra pessoa. E, não, eu não sou uma expert sobre Deus. Somente Deus o é. Tal conhecimento deveria me levar a adorá-lo. As profundidades das riquezas, da sabedoria e do conhecimento de Deus deveriam me levar a prostrar-me. Seus julgamentos insondáveis e seus caminhos inescrutáveis deveriam me inspirar à correta reverência. E o fato glorioso de que ele se faz conhecido de maneiras que meu entendimento finito pode apreender deveria me levar a celebrar, a devotar minha vida ao dever feliz de descobrir o que ele tornou conhecido sobre si mesmo.

Ele se revela àqueles que o buscam, e ao ver quem ele é, vemo-nos mais claramente.

Um dia, nós veremos a Deus mais claramente do que a razão humana nos permite e mais extensivamente do que suas obras e palavras atualmente revelam. Embora nós agora conheçamos em parte, um dia conheceremos plenamente, assim como somos conhecidos (1Co 13.12). Nós ainda seremos criaturas finitas buscando compreender o infinito, mas, enfim, seremos capazes de vê-lo sem a névoa do pecado que nos embaça a visão. Teremos toda a eternidade para, progressivamente, explorarmos suas perfeições. E porque conhecê-lo é amá-lo, nossa sempre crescente visão irá produzir sempre crescente amor. Como uma manhã de Natal, sempre com um novo presente por abrir, a eternidade irá cada vez mais revelar as glórias de Deus escondidas aos olhos de nossos corações.

INCOMPREENSÍVEL

Senhor, apressa esse dia! E, até lá, que nós busquemos, com ansiedade, o que nós podemos conhecer dele nesta vida.

Oro para que o capítulo a seguir nos ajude a fazer exatamente isso.

Incomparável

VERSÍCULOS PARA MEDITAÇÃO
Jó 11.7-9
Sl 145.3
Sl 147.5
Rm 11.33-35

PERGUNTAS PARA REFLEXÃO

1. Como o conhecimento de que Deus não pode ser plenamente conhecido a faz sentir? Liste alguns sentimentos positivos e alguns negativos. Explique suas respostas.
2. Liste três afirmações que você sabe serem verdadeiras sobre Deus. Como você as aprendeu?
3. Pense numa situação em que você se sentiu incompreendida por alguém. Por que é difícil ver e reconhecer nosso próprio pecado em uma situação assim? Como a verdade de que Deus a conhece plenamente deveria afetar o modo como você responde a esse tipo de situação?
4. Pense em uma pessoa difícil da sua vida. Quão bem você realmente a conhece? Como o reconhecimento de sua compreensão limitada poderia mudar o jeito pelo qual você interage com ela?

ORAÇÃO

Escreva uma oração ao Senhor reconhecendo seu entendimento parcial de quem ele é. Agradeça-lhe as maneiras específicas pelas quais ele tem se revelado a você.

INCOMPREENSÍVEL

Peça-lhe humildade para ver a si mesma como uma péssima expert sobre ele, sobre você e sobre os outros. Agradeça-lhe por ser completamente conhecida por ele e complemente aceita em Cristo. Louve-o por ele exceder o seu entendimento.

3

Autoexistente

O DEUS DE INFINITA CRIATIVIDADE

Todas as coisas brilhantes e belas,
Todas as criaturas grandes e pequenas,
Todas as coisas sábias e maravilhosas:
O Senhor Deus as fez todas.
— Cecil F. Alexander

"Ela não é muito criativa?!", comenta, com entusiasmo, uma pessoa em um chá de bebê para qual fui convidada.

Observo o lugar, silenciosamente agradecendo aos céus que o *Pinterest* não existia na época em que tive de fazer meus chás de bebê. O evento é uma maravilha, meticulosamente executado nos mínimos detalhes. Uma casa mediana foi transformada numa fantasia feita à mão, cheia de enfeites, brilhos, fitas e tecidos. Até mesmo os canudinhos em copos *vintage* manifestavam o grande planejamento. Nossa anfitriã arranjou uma reunião tão visualmente incrível que a chegada do bebê parece correr o risco de perder o encanto.

Incomparável

Sim, eu tenho de reconhecer: essa moça é criativa. Por toda a evidência, ela é capaz de entrar numa loja de artesanato e, ao invés de ficar inerte, começar a juntar combinações mágicas de tinta, papel e canudos de maneiras que inspiram e elevam os sentidos.

Eu detesto essa moça.

Certo, eu não a detesto — eu a admiro, com inveja. E eu reconheço que, embora eu não seja a anfitriã de chás de bebê mais criativa de todas, eu tenho dons em outras áreas da criatividade, nas quais tenho a oportunidade de brilhar. Todas nós temos. Nós as chamamos de "áreas de dons", e elas estão sempre ligadas à criatividade humana. Um músico talentoso cria arranjos de notas que elevam nosso sentido de audição. Um poeta cria arranjos de palavras que elevam nossas emoções. Um chefe de cozinha talentoso cria arranjos de sabores que elevam nosso paladar. Um artista talentoso cria arranjos de cores que elevam nosso sentido de visão. Mesmo aquelas de nós que não chamaríamos de extraordinárias em quaisquer dessas áreas reconhecem suas habilidades em combinar várias coisas medianas em algo acima da média. Nós pegamos pilhas de dados e os transformamos em gráficos de pizza. Nós pegamos sucata e a transformamos em máquinas. Pegamos ovos, manteiga, queijo e cebola e os transformamos em uma omelete. Nós todas criamos. Não somos seres que podem optar por criar ou não.

Mas a extensão da nossa criatividade é limitada pela simples verdade de que somos humanos. Você poderia até mesmo

AUTOEXISTENTE

argumentar que ninguém é verdadeiramente criativo. Nem Michelangelo, nem Debussy, nem mesmo a minha amiga, a ninja dos chás de bebê. Somos todos intrusos, arranjadores das paletas de cores, das ondas sonoras e dos blocos de construção do outro. O humano mais criativo que você conhece é um imitador de artistas, desavergonhadamente (ou alegremente?) rearranjando e recombinando materiais existentes em novas formas. Ninguém jamais criou coisa alguma.

Ninguém, isto é, com a exceção Deus.

DEUS EU SOU

Diferentemente de outros livros, a Bíblia não gasta seu tempo tentando cativar o leitor. Ela nos surpreende com sua frase inicial: "No princípio, criou Deus os céus e a terra" (Gn 1.1).

Deus, que não é um ser criado, cria todas as coisas. Juntando material nenhum, montando quadro de inspiração nenhum, consultando paleta de cor nenhuma, Deus fala, e o universo vem a existir. Do nada ele cria algo. Diferentemente dos humanos, que criam rearranjando o que já existe, Deus cria, simplesmente, pelo poder de sua palavra; e onde antes nada havia, de maneira miraculosa, algo aparece.

Diferente de tudo o que Deus fez, ele próprio não tem origem. Ninguém lhe deu vida. Ele não passou a existir; ele simplesmente sempre existiu. Antes de criar tudo o que conhecemos (e bilhares de coisas além de nossa capacidade de conhecimento), ele *era*, existindo em plenitude. Ele é autoexistente, não dependendo de coisa alguma nem de ninguém

Incomparável

que lhe desse fôlego de vida. Embora nele vivamos, e nos movamos, e existamos (At 17.28), ele próprio não precisa de coisa nem pessoa alguma para ter vida. Ele "tem vida em si mesmo" (Jo 5.26). Ele, que não tem origem, é a origem da vida de todos. A. W. Tozer captura tal ideia belamente:

> *O homem é um ser criado, um eu derivado e contingente, que de si mesmo nada possui, mas é dependente, a cada momento, para sua existência, daquele que o criou à sua própria imagem. A existência de Deus é necessário à existência do homem. Tire Deus, e o homem não terá qualquer fundamento para sua existência.*[1]

Derivado e contingente. Extremamente dependente. É assim que nós somos.

Sem origem, a fonte de toda a vida. Completamente independente. É assim que Deus é.

Nós, humanos, devemos confessar: "eu sou porque ele é". Somente Deus pode dizer: "eu sou o que sou".

DEUS: SEPARADO E DONO DE TODAS AS COISAS

Se você fosse fazer duas listas, uma contendo tudo o que é não criado e outra contendo tudo o que foi criado, não levaria muito tempo. Elas seriam assim:

---

1 A. W. Tozer, *The Knowledge of the Holy: The Attributes of God, Their Meaning in the Christian Life* (New York: Harper & Row, 1961), XX.

AUTOEXISTENTE

NÃO CRIADO	CRIADO
Deus	Todo o restante

Deus criou todas as coisas, tanto espirituais quanto materiais. Os anjos o celebram como sendo digno de glória, honra e poder, porque *"todas as coisas* tu criaste, sim, por causa da tua vontade vieram a existir e foram criadas" (Ap 4.11). Ele não criou para preencher uma necessidade ou para se livrar da solidão ou do tédio. Ele criou porque é de sua natureza criar.

As implicações de Deus ter criado tudo são dignas de nossa consideração. Primeiro, nós devemos concluir que a criação de Deus é distinta de Deus. Diferente de outras religiões, o cristianismo não ensina que a criação é uma parte do próprio Deus. Ele é nossa origem, mas ele é separado de nós. Não somos pedaços do divino. Se fôssemos, então a adoração da criação seria, de alguma forma, apropriada. A adoração da natureza e a adoração do eu seriam aceitáveis. Entretanto, a Bíblia claramente denuncia essas coisas como idolatria.

Segundo, porque Deus fez todas as coisas, ele é dono de todas as coisas. Se tudo o que foi criado deve sua existência a Deus, então nada na criação pertence verdadeiramente a outro ser. Ele não é dono do gado sobre os milhares de montes porque ele o comprou. Ele é dono porque ele o criou. Propriedade implica direitos e responsabilidades. Porque Deus possui todas as coisas, ele é responsável por seu cuidado e tem o direito de fazer com elas o que deseja.

Incomparável

Porque nós não criamos coisa alguma nem possuímos nada, não temos direitos diante de nosso Criador, nem ele está, de qualquer maneira, obrigado a qualquer coisa por nós.

Nós temos, entretanto, direitos e responsabilidades que nos foram dados com relação aos outros. Porque somos criados à imagem de Deus, temos tanto o direito à vida quanto a responsabilidade de protegê-la. Nenhum outro ser humano tem o direito de tirar nossa vida, porque Deus é a origem e o doador da vida. Nós somos guardiões da vida do outro e mordomos de uma criação na qual habitamos, mas que não nos pertence. Esse é o retrato que nos é apresentado em Gênesis 1 e 2: o homem e a mulher, duas criaturas colocadas no jardim da criação de Deus, encarregados de cuidar dele e de nutrir a vida. Mas desde a queda, ao invés de ver o nosso mundo e o nosso próximo como confiados ao nosso cuidado, nós os vemos como objetos de adoração.

Essa é a mensagem de Romanos 1. Quando olhamos para o mundo criado, devemos ser movidos a adorar aquele que o criou. Sua mão na criação é inequívoca, a ponto de ser pura loucura o fato de adoramos qualquer parte dela ao invés de adorar o próprio Deus. Pensamento fútil. Depravação obscura. Idolatria indesculpável. "Porque os atributos invisíveis de Deus, assim o seu eterno poder, como também a sua própria divindade, claramente se reconhecem, desde o princípio do mundo, sendo percebidos por meio das coisas que foram criadas. Tais homens são, por isso, indesculpáveis" (Rm 1.20).

Adorar a criação ao invés de o Criador não nos leva a proteger a vida nem a cuidar da criação. Isso nos leva a desvalorizar a vida

AUTOEXISTENTE

e a consumir a criação. Isso porque toda adoração da criação é, na verdade, uma forma velada de autoadoração. Considere o aborto, o tráfico de humanos, a violência doméstica e o abuso de crianças como evidências diárias de nossa desordenada adoração às pessoas. Ao invés de tratar as pessoas como seres que carregam a imagem de Deus, nós as tratamos como consumíveis e descartáveis, tendo valor somente enquanto satisfazem os nossos desejos. Vasculhe em nossos aterros e olhe para as nossas paisagens devastadas para discernir nossa desordenada adoração às coisas. Ao invés de cuidar dos recursos, nós os tratamos como consumíveis, descartáveis, tendo valor somente enquanto satisfazem os nossos desejos. Quando nós associamos nossa adoração a algo menor do que Deus, acabamos consumindo e descartando a pessoa ou a coisa que adoramos no lugar dele. E ao consumir e descartar, revelamos que o verdadeiro objeto de nossa adoração somos nós mesmos. Nós fazemos, sem qualquer embaraço, a declaração do "eu sou".

DERRUBANDO O MITO DA CRIATIVIDADE HUMANA

Não apenas adoramos a criação no lugar daquele que nunca foi criado, como também nos convencemos de que somos como ele em sua habilidade de criar a partir do nada. Confundimos mordomia com propriedade, vendo a nós mesmos como doadoras de vida.

Nós tomamos os dons que Deus nos deu para cuidar — dons como liderança, administração e misericórdia — e os utilizamos para alimentar o nosso "complexo de Deus",

Incomparável

empregando-os para construir os nossos próprios reinos ao invés de construir o reino de Deus. Olhamos para o pequeno reino que criamos e declaramos propriedade sobre ele: "eu o fiz do nada! Eu dei vida a isso!". Nós começamos a acreditar que somos o seu criador e proprietário por direito.

Em Daniel 4, encontramos uma história exatamente assim. Pela mão do Senhor, Nabucodonosor ganha grande poder como rei da Babilônia. Um dia, ao caminhar pelo seu palácio, olhando para o seu reino, o "complexo de Deus" foi exposto: "Não é esta a grande Babilônia que eu edifiquei para a casa real, com o meu grandioso poder e para glória da minha majestade?" (Dn 4.30). Podemos resumir ainda mais essa breve fala à questão fundamental: "eu sou o que sou".

Ao que Deus, essencialmente, responde: "Bem, não, na verdade, você não é".

Certamente, Nabucodonosor empilhou pedras que já existiam para construir os palácios, rearranjou a paleta de cores já existentes nos jardins suspensos, reordenou as já existentes estruturas de poder numa enorme monarquia, mas ele assim o fez pela vontade do criador. Ele não criou coisa alguma do nada. E o Criador pretendia que ele reconhecesse essa verdade. Então ele removeu de Nabucodonosor o poder, recolheu os dons que lhe tinha confiado e o rebaixou ao pó de onde ele veio por um certo período de tempo. Em essência, a lição para ser aprendida é esta: "certo, Nabucodonosor, vimos o que você pode fazer com alguma coisa. Agora vejamos o que você pode fazer com nada". Aquele que uma vez foi um poderoso

AUTOEXISTENTE

governador desce à loucura dos que têm pelos, vagueiam, alimentam-se de grama e possuem garras.

Quando o tempo da humilhação do rei estava completo, sua sanidade foi restaurada:

> *Mas ao fim daqueles dias, eu, Nabucodonosor, levantei os olhos ao céu, tornou-me a vir o entendimento, e eu bendisse o Altíssimo, e louvei, e glorifiquei ao que vive para sempre, cujo domínio é sempiterno, e cujo reino é de geração em geração. Todos os moradores da terra são por ele reputados em nada; e, segundo a sua vontade, ele opera com o exército do céu e os moradores da terra; não há quem lhe possa deter a mão, nem lhe dizer: Que fazes? (Dn 4.34-35).*

Por muitos anos, eu pensei que essa história contava que Deus havia punido o orgulho de Nabucodonosor, ao levá-lo à insanidade. Agora vejo que, ao remover seu poder e autoridade, Deus simplesmente revelou a insanidade que já operava por trás do "complexo de Deus" que Nabucodonosor possuía. É completa loucura animal atribuir a nós mesmos o papel de criador. Mas nós fazemos isso o tempo todo.

Fazemos isso com nossas famílias. Nós demos vida aos nossos filhos, não demos? Nós gastamos os melhores anos de nossas vidas e a maior parte do nosso dinheiro para criar um lar e um futuro para eles. Eles nos devem obediência e adoração.

Incomparável

Eles têm para conosco a obrigação de serem bem-sucedidos. Então nós gritamos da arquibancada do ginásio quando nosso filho não tem a mesma performance que o famoso jogador norte-americano de basquete LeBron.

Fazemos isso com nossos trabalhos. Nós construímos nossa carreira do zero, não construímos? Nós gastamos nossas energias e talentos com ela ao longo dos anos. Sem nós, esta empresa estaria em sérios problemas. Merecemos cada centavo e cada elogio que recebemos. Então nos tornamos a patroa que dá ordens como uma ditadora, ou entregamos nossa carta de demissão, sempre nos mudando para o próximo trabalho porque somos depreciadas e subestimadas.

Fazemos isso com o ministério. Nós vimos a necessidade e a resolvemos, não foi? Nós, de maneira sacrificial, entregamos nosso tempo e nossos dons. Ninguém mais poderia ter provocado o impacto que provocamos. Tudo isso nunca teria acontecido sem nossos sacrifícios e nossa visão. Talvez não tenhamos agora o reconhecimento que merecemos, mas nossa mansão celestial será enorme. Então tomamos para nós mesmas o crédito pelas vidas transformadas, e paramos de dar ouvidos à crítica amorosa porque, claramente, nós entendemos desse negócio de ministério.

Qualquer que seja o âmbito de nossa influência, nós nos convencemos de que merecemos o crédito por criar o que fomos chamadas para cuidar. Nós adoramos a nós mesmas ao invés de adorar o Criador que nos fez e que todas nós conhecemos. De fato, requeremos que o crédito seja dado a nós a fim de validar os nossos esforços.

AUTOEXISTENTE

Insanidade. Loucura. Ilusão completa. Ao que Deus faz a simples pergunta: "E que tens tu que não tenhas recebido?" (1 Co 4.7).

Toda a adoração é devida a Deus, não porque ele a exige (embora ele o faça justamente), mas porque ele nos criou. Ele é nossa origem. E qualquer coisa boa que construímos ou "criamos" se origina não em nós, mas nele.

A QUESTÃO DA ORIGEM

As origens importam para os humanos. O programa de TV norte-americano *Antiques Roadshow* cativou o interesse de seus espectadores por mais de trinta e cinco anos com uma fórmula simples de determinar as origens dos itens que as pessoas não valorizavam adequadamente. O aparador encontrado num bazar por vinte dólares é, na verdade, um item raro que vale quinhentos dólares. O quadro da loja de usados é descoberto como sendo do pintor Van Dyck, avaliado em 673 mil dólares. Quem fez o item geralmente determina o seu valor. Isso basta para nos levar até nossos depósitos à procura de um tesouro escondido. O que podemos ter em nossas posses cujo valor subestimamos?

Essa é uma pergunta que vale a pena ser feita e para a qual há uma resposta rápida. Temos apenas que olhar no espelho. Nosso valor, o seu e o meu, vem de nossa origem. Nós frequentemente lemos o Salmo 139 para levantar a nossa autoestima. Mas quando o Salmo 139 reflete que os humanos são criados de maneira assombrosamente maravilhosa, ele assim o faz

Incomparável

para levantar os nossos olhos do espelho em direção ao nosso Criador. É uma passagem sobre *quem* nos fez, antes de ser uma passagem sobre o que ele fez. É um apelo para o valor baseado na origem.

Que liberdade é encontrada em reconhecer que somente Deus cria! Não precisamos mais trabalhar sob a ilusão de nossa própria importância. Não precisamos encontrar nosso valor em pessoas ou em posses — o valor está em nossa origem. Não precisamos olhar para o sucesso ou para o fracasso de nossos projetos como forma de validação de nosso valor. Nós carregamos a marca de nosso Criador. Não é nosso trabalho sermos originais, mas sim adorar a origem de todas as coisas. Somos livres para explorar os limites da criatividade humana para a glória de Deus. Somos livres para amar e apreciar os outros, ainda que isso nos custe muito, sem exigir deles louvor em retribuição.

A PALAVRA AINDA DECLARA VIDA

Ademais, somos livres para depender de Deus quando a nossa esperança por um relacionamento ou uma situação for reduzida a nada. Lembre-se de que o nosso Deus Criador é especialista em criar a partir do nada. Não podemos criar esperança onde ela não existe, nem amor onde ele não se faz presente. Não podemos criar arrependimento onde não há, mas podemos clamar ao Deus que pode. No primeiro grande ato da criação, Deus miraculosamente produziu algo do nada. E ele se alegra em continuar aquele trabalho

AUTOEXISTENTE

nos corações humanos. Deus pode restaurar um relacionamento destruído ou uma situação sem saída; ou ele pode, simplesmente, restaurar a sua esperança no meio de tudo isso. Nem tudo será feito novo nesta vida, mas sua promessa de fazer crescer em nós o fruto do Espírito significa que nós podemos conhecer vida abundante a despeito dos relacionamentos e situações serem sarados ou não.

O evangelho de João revela a identidade exata da palavra criativa de Gênesis 1:

> *No princípio era o Verbo, e o Verbo estava com Deus, e o Verbo era Deus. Ele estava no princípio com Deus. Todas as coisas foram feitas por intermédio dele, e, sem ele, nada do que foi feito se fez. A vida estava nele e a vida era a luz dos homens (Jo 1.1-4).*

Jesus Cristo, aquele em quem a vida habita, agiu para criar algo do nada em Gênesis 1. E ele ainda faz o mesmo hoje: "E, assim, se alguém está em Cristo, é nova criatura; as coisas antigas já passaram; eis que se fizeram novas" (2Co 5.17).

Deus toma um coração no qual a justiça não existe, declara a palavra de vida, e, onde antes não havia nada, agora há algo: a justiça de Cristo. Onde não havia justiça, agora há a sua justiça. Nós nos tornamos novas criaturas, criadas em Cristo Jesus para fazermos a boa obra da criatividade humana — aplicar os dons que ele nos dá para reformar e reordenar o mundo destruído pelo pecado, o mundo que ele nos incumbiu de cuidar.

Incomparável

Quer uma evidência de que Deus cria algo do nada? Você não precisa ir muito longe, basta olhar para sua própria salvação. Cada um dos redimidos conheceu seu momento de Nabucodonosor, quando nossas motivações foram desmascaradas e nós fomos reduzidos ao correto entendimento de que tudo o que temos nos foi dado.

Deus, de maneira tão graciosa, restaura a nossa sanidade e nos ergue para servir. Tenha grande esperança de que o Deus de infinita criatividade continua fazendo o que somente ele pode fazer. De toda a forma, empregue os dons que ele lhe confiou para criar um lar para sua família, uma carreira, um ministério, mas saiba que você assim o faz como um mordomo. Fale e aja de uma maneira que direcione aqueles ao seu redor para a beleza do evangelho, mas saiba que somente Deus pode criar justiça no coração de outra pessoa. Encontre a liberdade de saber que sua criatividade humana é um eco que tem o propósito de inspirar adoração ao seu Deus.

E, então, crie livremente para o deleite do seu coração.

AUTOEXISTENTE

VERSÍCULOS PARA MEDITAÇÃO
Gn 1.1
Êx 3.14
Jo 1.1-4
Jo 5.26
2Co 5.17
Cl 1.15-17
Ap 4.11

PERGUNTAS PARA REFLEXÃO
1. Por que é importante para nós entendermos que somente Deus não é criado?
2. Em qual esfera de influência ou autoridade você está mais inclinada a querer créditos pela criação? Como ter "complexo de Deus" nessas áreas diminuiu sua habilidade de administrar sua influência ou autoridade?
3. Descreva um tempo em que Deus a lembrou de que, sem ele, você é nada e nada tem. Como esse tempo mudou sua perspectiva?
4. Como o fato de reconhecer que somente Deus é criador liberta você para aceitar a criatividade humana sem orgulho pecaminoso?

ORAÇÃO
Escreva uma oração ao Senhor confessando um "reino" que você acreditava ter criado com suas próprias mãos. Peça-lhe que a ajude a se lembrar de que seu valor está naquele que a

Incomparável

criou, não naquilo que você mesma criou. Agradeça-lhe por ele ser capaz de, do nada, trazer algo à existência.

4

Autossuficiente

O DEUS DE INFINITA PROVISÃO

"Sem necessidades, sem desperdícios, tu dominas com poder."
— Walter Chalmers Smith

"Preciso de ti cada hora, mui gracioso Senhor."
— Annie S. Hawks

Em 1989, o mundo da propaganda conheceu um novo ícone na forma de um coelhinho rosa, peludo e baterista. Calçando chinelos azuis e óculos escuros, o coelhinho da *Energizer* marchava nas telas de TV e em *outdoors* norte-americanos, acompanhado pelo lema: "E simplesmente continua... E continua... E continua...", para indicar a duração aparentemente sem fim que se podia esperar da pilha *Energizer*. Sem precisar de recarga ou substituição, aquele pequeno roedor rosa era um dínamo autossustentável. A campanha publicitária fez tanto sucesso, que o termo coelhinho *Energizer* [coelhinho da *Duracell*, como é conhecido no Brasil] entrou para o vernáculo como

Incomparável

uma expressão para descrever alguém ou alguma coisa com energia própria aparentemente ilimitada.

Esse coelhinho se aproveitou de um desejo humano comum e antigo de produzir uma máquina alimentada por uma fonte de energia infinita que nunca precisasse de recarga ou substituição. Embora, sem dúvida, ele tenha precedentes ainda mais antigos: o primeiro registro de um projeto de máquina de moção perpétua vem da Índia, datado por volta de 1100. Era o projeto de uma roda, planejada para permanecer em movimento indefinidamente uma vez que fosse acionada. Esse projeto foi seguido por muitos outros, a maior parte deles eram rodas de algum tipo com contrapesos, algumas planejadas para realizar tarefas específicas (como mover a água) e outras desenhadas apenas para o propósito de explorar a ideia de moção perpétua.

Mesmo esses projetos tão antigos reconheciam a probabilidade de que as leis da física não permitiriam tal invenção, mas, ainda hoje, nós continuamos fascinados pela ideia de uma máquina autossustentável; como "máquinas" humanas que continuamente precisam do combustível do sono, da água, da comida, do ar e do descanso, — sem mencionar uma série de outras necessidades relacionais e espirituais — o pensamento de que possa haver uma forma de substituir pelo menos algumas dessas necessidades perpétuas pela suficiência perpétua é, de fato, muito sedutor. Considere, por exemplo, nossa atual obsessão cultural por bebidas com cafeína como evidência de nosso desejo de sermos criaturas que podem optar por dormir ou não.

AUTOSSUFICIENTE

SEM NECESSIDADES E, AINDA ASSIM, AMÁVEL

Diferente do coelhinho da *Duracell*, nós não podemos "simplesmente continuar... E continuar... E continuar". Somente Deus pode fazer isso. Somente Deus é autossuficiente. Nosso Deus é um Deus que não tem necessidades. O que o coelhinho simula ser, o que a roda de moção perpétua deseja ser, Deus o é de fato: uma fonte independente de sustento perpétuo e perfeito.

> *O Deus que fez o mundo e tudo o que nele existe, sendo ele Senhor do céu e da terra, não habita em santuários feitos por mãos humanas. Nem é servido por mãos humanas, como se de alguma coisa precisasse; pois ele mesmo é quem a todos dá vida, respiração e tudo mais (At 17.24-25).*

Criando e sustentando todas as coisas, ele não é criado nem sustentado por ninguém. Por toda a eternidade, ele está perfeitamente provido nele e de si mesmo, sem precisar de ajuda; inabalável em força, nunca faminto nem sedento, sem experimentar falta alguma. Nada nem ninguém fora dele mesmo lhe oferece ajuda. Porque ele criou tudo, coisa alguma de sua criação jamais lhe seria necessária para existência. Se assim o fosse, então, assim como ele, tal coisa teria sempre existido. Nosso Deus é autossuficiente, todas as coisas necessitam dele, entretanto ele não necessita de nada.

Certamente ele não necessita de nós.

Incomparável

Isso é novidade para algumas de nós, que fomos ensinadas a acreditar que Deus criou os humanos por uma necessidade de amor ou de companhia. Isso soa tão bem, não soa? A ideia de que o ápice do ato da criação foi intencionado para preencher um vazio do tamanho do ser humano em seu coração transcendente. Mas não há qualquer vazio em seu ser, nenhuma lacuna que ele precise preencher para ser completo. Ele já é completo, completamente amoroso e completamente amado dentro da perfeita e eterna companhia da Trindade. O Pai sempre amou o Filho, que sempre amou o Espírito, que sempre amou o Pai. Nenhuma necessidade de amor ou companhia levou a Trindade a declarar nossa existência. Ele nos criou alegremente e nos ama infinitamente, mas não precisa de nós.

Tampouco as Escrituras o retratam como precisando de nós. Imagine se Deus tivesse saudado Abrão em Ur dizendo: "Abrão, quando eu o encontrei, foi como se toda a minha vida ganhasse foco. Você me completa". Imagine se Deus tivesse dito a Moisés, na sarça ardente: "Moisés, você é um líder tão talentoso, sábio e compassivo. Eu estaria perdido sem você. Você é a minha melhor metade". Esse tipo de sentimento cai bem para as comédias românticas e os cartões de aniversário, mas é completamente inadequado ao nosso entendimento de Deus. São expressões puramente humanas. Deus nunca declarou, nem jamais declarará necessidade de nós. Nós, sim, devemos dizer: "preciso de ti a cada hora". Ele pode dizer: "Eu sou".

Nós precisamos dele a cada hora, mas ele não precisa de nós para nada. Certamente, não para viver, mas também não

AUTOSSUFICIENTE

para amá-lo ou para adorá-lo, nem para trazer-lhe glória ou para dar razão à sua existência. Ele é completamente provido e tudo provê, e também seria assim se nós nunca tivéssemos sido formadas a partir do pó.

Essa é, na verdade, a melhor notícia que poderíamos ter, porque, se Deus precisasse de nós de alguma forma, certamente o decepcionaríamos. Talvez não imediatamente, mas em algum momento. Mesmo a mais firme dentre nós falha mais vezes do que gostaria de admitir. Louvado seja Deus porque seus planos não dependem da minha fidelidade, sua alegria não gira em torno do meu bom comportamento, sua glória não precisa das minhas realizações. Eu vivo tropeçando, seguindo os meus próprios planos e tramando meus próprios objetivos, ocasionalmente, oferecendo a ele a reverência que lhe é eternamente devida. Ele não se perturba nem é prejudicado pela minha inconstância. Ele se agrada de ser glorificado, seja através de mim ou apesar de mim, mas não precisa nem um pouco de mim. E ainda assim ele me ama, profunda e eternamente, por nenhuma outra razão a não ser "o beneplácito de sua vontade" (Ef 1.3-6).

UMA NECESSIDADE É UM LIMITE

Se Deus precisasse de qualquer coisa fora de si mesmo, ele poderia ser controlado por essa necessidade. Uma necessidade é um limite, e, como temos visto, Deus não tem limites. Porque não precisa de coisa alguma fora de si mesmo, ele não pode ser controlado nem obrigado, manipulado nem chantageado por alguém que possua o que lhe falta.

Incomparável

Isso é uma boa notícia para nós.

Nós, humanos, conhecemos bem a relação entre necessidade e controle. Pense na fome, por exemplo. O que acontece quando você fica com bastante fome num estádio ou em um parque de diversões? De repente, você está disposta a pagar quinze dólares por *nachos* ruins e por um copo de refrigerante. Por quê? Porque o gerente do parque sabe que o seu nível de necessidade influenciará a sua decisão, e que você não tem outras opções de comida. Quanto mais fome você tiver, mais você pagará aos vendedores do parque. Nossas necessidades influenciam nossas decisões. A necessidade por dinheiro pode nos influenciar a roubar. A necessidade por intimidade pode nos levar a trair. A necessidade por atenção pode nos influenciar a falar num certo tom ou a nos vestir de uma certa maneira. Quanto maior for a nossa necessidade, maior será o nosso potencial de sermos coagidas ou convencidas a pagar um grande preço para atendê-la. Pergunte a um viciado. Nossas necessidades nos enfraquecem face à tentação.

É por essa razão que, quando o texto de Tiago 1.13 nos diz que Deus não pode ser tentado, nós podemos acreditar. Não há qualquer isca que possa atrair o Todo-Poderoso. O que poderia tentar aquele cujas necessidades e desejos são atendidos em si mesmo? Louvado seja Deus, pois nenhum homem possui algo de que Deus precisa, nem algo com o que possa coagi-lo ou manipulá-lo. Eu não quero que você tenha esse tipo de influência sobre ele, e tenho certeza de que você também não quer que eu a tenha. Estamos a salvo da chantagem uma da outra pela autossuficiência de Deus.

AUTOSSUFICIENTE

POR QUE TEMOS NECESSIDADES?

Entretanto, a humanidade tem várias necessidades, uma realidade que gostaríamos muito de vencer ou esconder. Os norte-americanos, em particular, valorizam muito a independência. Eles amam a autonomia e veem a dependência como um sinal de fracasso, algum tipo de defeito, uma falta de planejamento adequado ou de ambição. Nós, cristãos, em específico, podemos interpretar a necessidade física, financeira ou espiritual como um sinal de que Deus retirou sua bênção de sobre nós por causa de alguma falha nossa. Mas por que temos essa visão? É quase como se o nosso entendimento não conseguisse separar a presença da necessidade da presença do pecado. Mas o pecado é a causa da necessidade humana?

Uma rápida explicação sobre os três primeiros capítulos de Gênesis responde a essa pergunta com um ressonante "não". No Éden pré-queda, Adão e Eva foram criados para terem necessidades. Mesmo antes do fatídico colher do fruto proibido, eles dependiam de Deus para o ar em seus pulmões, para a comida em seus estômagos, para água, terra e luz. Eles tinham necessidades, tanto físicas quanto espirituais, antes de o pecado entrar em cena. Deus os criou com necessidades, para que, em sua insuficiência, pudessem se voltar para a fonte de tudo o que é necessário, reconhecessem sua necessidade e lhe adorassem. Ao invés disso, eles buscaram por autonomia.

Como eles, nós vemos a necessidade humana como uma falha e a autossuficiência humana como uma conquista

Incomparável

recompensadora. Tornamo-nos malabaristas. Com a vida entrando em colapso por todos os lados, nós colocamos um sorriso no rosto e dissimulamos durante o domingo na igreja, negando nossa necessidade por autenticidade. Nós fazemos um novo empréstimo, negando nossa necessidade por estabilidade financeira. Nós ignoramos nossos sintomas de doença, negando nossa necessidade por atenção médica. Nós trabalhamos até tarde, negando nossa necessidade por descanso. Nós passamos fome para entrar no manequim tamanho 36, negando nossa necessidade por comida. Eu estou bem. Estou mais do que bem. E certamente não preciso de ajuda.

Nós mudamos a adoração a Deus, que deveria ser o resultado de vermos a nossa necessidade, para nos voltarmos à adoração de nós mesmas, crendo que, assim como Deus, somos autossuficientes. Deus, em sua infinita sabedoria, nos criou precisando dele. E ele também nos criou precisando uns dos outros. O texto de Gênesis 2 nos lembra de que não é bom que o homem esteja só. Ao invés disso, é bom que ele esteja em um relacionamento. O Novo Testamento expande essa ideia para incluir a comunhão dos crentes, comparando-nos a um corpo cujas partes dependem umas das outras e para o qual a autossuficiência é tanto ilógica quanto impensável: "Não podem os olhos dizer à mão: Não precisamos de ti; nem ainda a cabeça, aos pés: Não preciso de vós" (1Co 12.21).

Nós fomos criadas para necessitar tanto de Deus quanto dos outros. Nós negamos isso para o nosso próprio perigo. Não temos necessidades por causa do pecado; somos necessitadas por um propósito divino. Certamente, podemos ter necessidades de for-

AUTOSSUFICIENTE

mas pecaminosas e, frequentemente, confundimos a necessidade com o querer, mas não fomos criadas para sermos autossuficientes. Tampouco fomos recriadas em Cristo para tal. A santificação é o processo de aprender a crescer em dependência, não em autonomia.

DESMASCARANDO A AUTOSSUFICIÊNCIA

Quais são as marcas de autossuficiência na vida do crente? Como podemos saber quando paramos de depender de Deus e dos outros? Quando negamos nossa necessidade de Deus, a autossuficiência se revela das seguintes maneiras:

- *Falta de oração.* Nossa autoconfiança nos leva a deixar de nos aproximarmos de Deus em petição, louvor, confissão e ação de graças. Porque creditamos a nós mesmas a função de provedora, deixamos de conversar com o nosso verdadeiro provedor.
- *Esquecimento.* Como Israel no Antigo Testamento, esquecemo-nos da inegável provisão de Deus no passado. Como Israel, confiamos nossas necessidades atuais e futuras ao ídolo do eu, o qual adotamos da cultura ao nosso redor.
- *Raiva nas provações.* Quando as dificuldades nos forçam a encarar nossos limites, sentimos raiva em ver a nossa necessidade exposta. Somos incapazes de considerar nossas provações como motivo de alegria (Tiago 1.2), vendo-as como um veredito sobre a nossa fraqueza ao invés de uma oportunidade para aprender a dependência de Deus.

Incomparável

- *Falta de convicção de pecado pessoal.* Tornamo-nos cada vez mais incapazes de reconhecer nossa necessidade pessoal por perdão. Quando ouvimos um sermão ou lemos uma passagem das Escrituras, achamos que são admoestações generalizadas ao invés de personalizadas.

Quando negamos a nossa necessidade de outros crentes, a autossuficiência se revela das seguintes formas:

- *Evitamos a comunidade cristã.* Porque não queremos nem acreditamos que precisamos de ajuda, nós não separamos lugar em nossas vidas para desenvolver relacionamentos profundos e autênticos com outros crentes.
- *Dissimulação.* Quando temos que interagir com outros crentes, nós dissimulamos o real estado de nossas vidas para preservar a nossa autonomia.
- *Falta de prestação de contas.* Crendo na nossa própria mentira de que "temos tudo sob controle", nós ficamos cada vez mais indispostas a pedir ou a receber conselhos ou correção de outro crente. Quando recebemos um parecer não solicitado acerca de nosso pecado, nós o rejeitamos.
- *Falta de humildade.* Nossa crescente dependência de nós mesmas produz crescente incapacidade de pedir ou receber ajuda de outros, mesmo quando nossa necessidade é óbvia. Quando recebemos ajuda não solicitada, sentimo-nos envergonhadas e até ressentidas.

AUTOSSUFICIENTE

- *Exaustão.* Quando recusamos pedir ou aceitar ajuda, nós excedemos os nossos limitados recursos físicos e emocionais, vivendo em constante estado de ansiedade e cansaço.

DERRUBANDO O MITO DA AUTOSSUFICIÊNCIA HUMANA

Não é irracional lidar com a nossa vulnerabilidade com desconforto. Nossas necessidades humanas são reais, e não sabemos de que maneira ou em que momento elas serão atendidas. Os evangelhos contêm numerosas histórias de Jesus atendendo a necessidades físicas milagrosamente. Ele satisfez a fome física de cinco mil pessoas. Ele restaurou a saúde ao doente e a integridade ao aleijado. Ele transformou mares perigosos em águas seguras. Ele, até mesmo, trouxe mortos de volta à vida.

Esse mesmo Jesus que, em sua deidade, miraculosamente atendeu às necessidades de tantos, ele mesmo conheceu, em sua humanidade, o que significava ter necessidades. O Jesus humano experimentou o amplo leque das necessidades humanas. Ele precisou de comida, água, ar, abrigo e vestimenta. Ele precisou de descanso. Ele precisou da comunidade e do consolo de seus discípulos. Mesmo o Deus encarnado não era uma versão humana do coelhinho da *Duracell*. É verdade que Deus não pode ser tentado, porém, Jesus, em sua humanidade, foi tentado de todas as formas como nós somos. E ele nos deixou um exemplo de como

Incomparável

responder à tentação resultante da necessidade. Faminto e sedento após quarenta dias de jejum, enfraquecido por sua necessidade, Jesus respondeu às ofertas de autonomia de Satanás afirmando a toda suficiente vontade de seu Pai. Não é de se maravilhar que a Bíblia ordene o jejum. O jejum nos lembra rapidamente de nossa necessidade, de nossa total falta de autossuficiência. É uma via expressa para reaprender os nossos limites.

E o mesmo se dá com o sofrimento, uma verdade da qual Jesus também foi testemunha. Em seu grande momento de necessidade física, no sofrimento excruciante da crucificação, Jesus entregou seu espírito nas mãos do seu Pai. Por que Jesus alimentou, e curou, e ressuscitou mortos, e acalmou as águas? Porque, atendendo àquelas necessidades físicas, ele nos apontava para as nossas maiores necessidades espirituais — em seu maior momento de necessidade física, ele atendeu a nossa maior necessidade espiritual, morrendo em nosso lugar. Pela punição que estava sobre ele, nós fomos alimentadas com o pão da vida, curadas da doença do pecado, ressuscitadas da morte espiritual e restauradas à paz com Deus. E fomos unidas à comunidade e ao consolo da igreja.

Nossa maior necessidade foi atendida de uma vez por todas. Quanto mais suprirá ele todas as nossas necessidades menores de acordo com suas riquezas, em glória, em Cristo Jesus?

Então lance fora o malabarismo, o coelhinho rosa da idolatria da autossuficiência. Somente Deus é autossuficiente. Somente Deus não tem necessidades. Você as tem, assim como

AUTOSSUFICIENTE

o seu próximo. Não hesite em louvar a Deus por ele ser tão diferente de você nesse aspecto. Não hesite em confessar a ele sua tendência de confiar em seus próprios recursos, ao invés de reconhecê-lo como seu provedor. Não hesite em confessar suas necessidades a ele e pedir que as atenda.

Não apenas isso, mas também não hesite em pedir a ajuda de outros e em recebê-la graciosamente quando lhe for dada. Não hesite em se oferecer para atender às necessidades de outros, antes mesmo que eles tenham a oportunidade de pedir-lhe, inclusive daqueles que não fazem parte da família de Deus. Quem sabe se, ao atender algumas de suas menores necessidades, você abrirá a porta para uma conversa sobre a maior necessidade de todas? O reino dos céus pertence aos pobres de espírito. Seu rei nos atende e nos salva, não em nossa autossuficiência, mas em nossa miséria. Bem-aventurados aqueles que têm necessidades. E mais bem-aventurado é aquele que supre todas as nossas necessidades de acordo com as suas riquezas em glória (Fp 4.19).

Incomparável

VERSÍCULOS PARA MEDITAÇÃO
Sl 50.7-12
At 17.24-25
Fp 4.19
Hb 1.3

PERGUNTAS PARA REFLEXÃO
1. Por que é importante para nós reconhecermos que somente Deus é autossuficiente?
2. Em qual sentido você tem sido tentada a acreditar que Deus necessita de você? Em quais áreas você é mais suscetível a acreditar que não precisa dele?
3. De qual necessidade humana você mais se ressente? Como essa limitação poderia servir para o seu bem e para a glória de Deus?
4. Quais marcas de autossuficiência discutidas neste capítulo você tem visto em sua própria vida? Liste-as.

ORAÇÃO
Escreva uma oração ao Senhor pedindo-lhe que mostre a você como suas próprias necessidades podem ensiná-la a depender dele. Louve-o por ele não precisar de coisa alguma e, ainda assim, suprir todas as necessidades. Agradeça-lhe por atender à sua maior necessidade através da obra de Cristo. Peça-lhe que ensine você a reconhecer a bênção da necessidade humana como um lembrete da permanente fidelidade de Deus em sustentar seus filhos.

5

Eterno

O DEUS DE INFINITOS DIAS

Desde a eternidade, tu és Deus,
Todo o tempo e espaço, tu transcendes!
A plenitude da eternidade,
Sem princípio, sem fim!
— Lowell Mason

Você nunca sabe quando a diferença entre gerações vai estragar seu jantar. Era um encontro raro de família — meu esposo, Jeff, e eu, seus pais, sua irmã Emily e seu esposo. Estávamos todos reunidos ao redor da mesa de jantar pela primeira vez em muito tempo. A família de Jeff não é cheia de dramas — todo mundo ama todo mundo — e refeições como essa são sempre repletas de risadas e conversas. Eu tinha notado que minha cunhada, por acaso, estava mais quieta que o usual, mas não fiquei pensando nisso. Então, no meio de um intervalo na conversa, não tirando os olhos de seu copo de água, ela de repente falou: "fiz uma tatuagem".

Incomparável

Um silêncio ensurdecedor. A família do meu esposo, com garfos no meio do caminho entre o prato e a boca, ficou inerte. As sobrancelhas de Jeff se arregalaram quase atingindo o teto. Meu cunhado cuidadosamente evitava olhar ao redor. Senti que uma risada histérica e inapropriada subia pelo meu tórax.

"Você fez... uma tatuagem?", Jeff conseguiu a proeza de repetir, certamente lembrando dos dois dias, na época de faculdade, em que usou brinco antes de saber que teria de pagar a mensalidade do curso caso o adorno se tornasse um assessório permanente.

Mais silêncio. Então minha cunhada disse: "Bem, vocês sabem que eu sempre quis ter uma".

Nós não sabíamos. Realmente, nós não sabíamos disso. Eu não conseguia me lembrar de uma conversa sequer em que o assunto tenha sido falado; e, julgando pelo olhar dos meus sogros, eles também não sabiam.

Nós, ainda hoje, rimos até chorar daquele jantar. Os pais de Jeff, que são a família mais apoiadora que você poderia querer ter, por fim, aceitaram a decisão da filha. Emily estava cheia de ansiedade para contar a eles, sabendo que eles ficariam chateados, então ela escolheu o que ela sentiu ser o cenário mais seguro para confessar. E meus sogros, que são produtos de sua própria geração, tanto quanto sua filha é produto da geração dela, decidiram superar o caso. Eu meio que esperava que Jeff furasse a orelha de novo agora que a situação parecia estar resolvida.

ETERNO

Nós todas somos produtos de nossa geração, muito ligadas à história na qual nascemos. Nós habitamos um espaço de setenta a oitenta anos e somos moldadas pelos eventos que eles abrangem. Uma diferença de idade de trinta anos pode levar duas pessoas a verem o mesmo assunto de ângulos completamente diferentes. Somos criaturas de uma época específica, com perspectiva limitada, resultado de anos limitados.

Nisso, nós somos muito diferentes de Deus.

NÃO LIMITADO PELO TEMPO

"Eu sou o Alfa e Ômega, diz o Senhor Deus, aquele que é, que era e que há de vir, o Todo Poderoso" (Ap 1.8). As frases iniciais do livro de Apocalipse nos declaram um Deus não limitado pelo tempo, tanto que ele determina seu começo e fim. Sua natureza eterna é descrita, com frequência, ao longo das Escrituras. A Bíblia começa com um registro temporal, "no princípio", e então passa sessenta e seis livros descrevendo o Deus que decreta estações e tempos, mas que não é limitado por eles nem um pouco. Livre para agir dentro do tempo conforme desejar, Deus existe fora do tempo. Ele é simultaneamente o Deus do passado, do presente e do futuro, inclinando o tempo de acordo com a sua vontade, livre de suas restrições. O passado não representa a ele nenhuma oportunidade perdida. O presente não lhe apresenta qualquer ansiedade. O futuro não lhe reserva qualquer incerteza. Ele era, e é, e está por vir.

Ademais, todas as ações de Deus no tempo acontecem exatamente no momento certo. Ele nunca está adiantado, nem

Incomparável

atrasado, nunca sujeito à tirania de um prazo, nunca com pressa, nem tentando ficar em dia com um horário que saiu do controle. O texto de Eclesiastes 3 nos diz que ele designa um "tempo para todo propósito debaixo do céu" (v. 1). Mas, de uma perspectiva humana, não parece assim. Nós vemos o andar dos eventos em nossas vidas e pensamos que, talvez, pelo menos em alguns casos, nosso Deus atemporal se ausentou temporariamente.

Nós podemos prontamente reconhecer que há um tempo *apropriado* para tudo, mas nós temos opiniões razoavelmente formadas de quando seriam esses tempos. O tempo de curar é qualquer tempo em que alguém esteja doente. O tempo para se calar é quando já terminei de dizer toda a minha opinião. O tempo de morrer é no fim de uma vida plena, nem um momento antes. Mas nós vemos ao nosso redor que tragédia e comédia, nascimento e morte, lamento e dança se apresentam aparentemente em qualquer momento. A compreensão humana se esforça para entender tudo isso.

É por isso que o escritor de Eclesiastes afirma: "Tudo fez Deus formoso no seu devido tempo; também pôs a eternidade no coração do homem, sem que este possa descobrir as obras que Deus fez desde o princípio até ao fim" (Ec 3.11).

Dizendo de outra maneira, Deus, que em última análise faz surgir beleza de todas as coisas, deu aos homens limitados pelo tempo um desejo pela eternidade. Porém, em nosso entendimento limitado, não podemos compreender o que ele está fazendo entre o início e o fim do tempo.

ETERNO

Nós olhamos para o tempo e para as estações e nos perguntamos: "onde está a beleza que Deus está criando a partir disso?". Nós esperamos que ele torne tudo belo *em nosso tempo*. Mas aquele que determina o início e o fim não opera de acordo com as nossas linhas de tempo. Ele operará todas as coisas de acordo com os seus propósitos. Cada sofrimento ou mal que nos afeta será redimido para o bem. Mas, às vezes, leva-se mais que uma vida para que o feio se torne belo. Talvez nós iremos para os nossos túmulos sem ver o mal receber sua retribuição. Nós, talvez, passaremos para a outra vida sem receber o perdão de alguém que amamos. Talvez morramos sem ver a solução da nossa história de vida, sussurrando em nosso último suspiro que não entendemos o porquê. Não, nós "não podemos conhecer o que Deus fez" dentro dos limites de nosso nascimento e morte, nosso próprio alfa e ômega. Mas isso não significa que o que Deus está fazendo não esteja perfeitamente ajustado ao tempo. O problema não está no tempo dele, mas em nossa percepção de tudo isso.

APRENDENDO A MEDIR O TEMPO

Aqui eu devo reconhecer a minha grande dívida, não a um teólogo, mas a uma professora de educação infantil. Embora ela não saiba, a senhora Greak, que ensinou quatro crianças da família Wilkin a escreverem seus nomes corretamente e a levantarem as mãos educadamente, também ensinou à mãe delas uma lição sobre o tempo.

Incomparável

Ela explicou, em uma noite de reunião de pais e professores, como era difícil ensinar o conceito de tempo para uma criança de cinco anos de idade. Toda segunda-feira, ela instruía a turma a pegar seus cadernos e a escrever no topo da folha: "Hoje é segunda-feira. Ontem foi domingo. Amanhã será terça-feira". A turma seguia suas instruções, e a harmonia reinava.

Sua dificuldade começou na terça-feira, quando o processo era repetido. Tão logo ela deu a instrução para escrever "hoje é terça-feira", expressões de dúvida tomaram as faces dos alunos. Com a instrução para escrever "ontem foi segunda-feira", uma mão se levantou.

"Sra. Greak, você nos disse que *hoje é segunda-feira*."

"Não, segunda-feira foi ontem. Hoje é terça-feira."

Mais expressões de dúvida. Outra mão se levantou.

"Sra. Greak, você nos disse que *amanhã é terça-feira*."

"Não, hoje é terça-feira. Amanhã é quarta-feira."

Depois desse pronunciamento, as crianças ficaram chateadas. Da perspectiva delas, a Sra. Greak se contradisse completamente: antes ela havia dito a eles que hoje era segunda-feira e, depois, que hoje era terça-feira. Qual era o certo? Poderia essa mulher ser confiável para ensinar a eles adição se ela não sabia sequer que dia era hoje?

Claro, ambas as declarações eram perfeitamente verdadeiras. Mas, visto que crianças de cinco anos não podem ainda entender o conceito de ontem, hoje e amanhã, eles questionaram o entendimento de lógica da professora.

ETERNO

O problema não estava na mensagem. O problema estava na habilidade limitada dos ouvintes para entendê-la.

Nós somos desse mesmo jeito.

Nós lemos a promessa de que Deus faz tudo belo em seu devido tempo, e, então, nós olhamos para os sofrimentos e dores não resolvidos de nossa vida e da vida de outros. E começamos a nos preocupar com o fato de que a Bíblia pode não ser confiável. Esquecemo-nos de que estamos recebendo instrução daquele cuja perspectiva não é relativamente maior que a nossa, mas infinitamente maior. Numa escala de entendimento espiritual que vai de zero até Deus, nós seríamos patologicamente soberbas se nos avaliássemos no nível "educação infantil". Não deveríamos nos surpreender nem nos sentir desencorajadas ao descobrir que nós, que somos de ontem e não conhecemos nada, não podemos compreender o tempo daquele que transcende o ontem, o hoje e o amanhã.

Não podemos esperar entender nossa própria história nem a história humana deste lado da glória, mas podemos confiar nosso ontem, nosso hoje e nosso amanhã àquele que era, que é e que há de vir.

VIVENDO O PRESENTE

Confiar a Deus nosso tempo significa que nós podemos fazer bom uso do tempo que nos é dado. Isso parece simples, mas não é. Efésios 5.15-16 nos diz: "Portanto, vede prudentemente como andais, não como néscios, e sim como sábios,

Incomparável

remindo o tempo, porque os dias são maus". A Nova Versão Internacional traduz como "aproveitando ao máximo cada oportunidade". Temos o mandamento de remir o tempo, reivindicar o nosso tempo de propósitos inúteis para empregá-lo para a glória de Deus. Mas como podemos fazer isso? Quero sugerir três formas.

1. Deixe o passado para trás

Remir o tempo requer deixar o passado no passado. Nós nos apegamos ao passado, deixando-nos levar por duas emoções diferentes: nostalgia pecaminosa ou remorso. A nostalgia pecaminosa nos leva a idolatrar um tempo quando a vida era "melhor" ou "mais simples", resultando num descontentamento perpétuo com a nossa situação presente. Nós podemos ansiar por um tempo anterior à chegada de alguma má notícia, por um tempo quando nossa saúde era melhor, quando nossos filhos ainda eram pequenos, ou quando alguém que amávamos ainda estava vivo. As mudanças de fases da vida podem causar um anseio natural por como as coisas costumavam ser, e, embora isso não seja necessariamente pecaminoso, pode se tornar. Temos permissão para lamentar o passar de épocas felizes, mas não nos é permitido ressentir sua perda. Há uma diferença entre sentir falta do passado e cobiçar o passado. O antídoto para a cobiça é sempre a gratidão: podemos combater um amor pecaminoso do passado contando os dons que temos recebido no presente.

ETERNO

Remorso, por outro lado, nos leva a habitar em erros ou dores do passado, roubando-nos a alegria de nossa situação presente e frequentemente nos arrastando para velhos padrões pecaminosos. Quando criança, aprendi a cantar as palavras de Charles Wesley: "Ele quebra o poder do pecado cancelado, ele liberta o prisioneiro".[1] Quão frequentemente precisei daquelas palavras como lembrete de que o poder dos meus pecados passados (ou dos pecados passados de outros contra mim) está rompido no nome de Jesus. Ele substitui minha liturgia histórica de pecado por uma de santidade. Quando me sinto desencorajada por tropeçar novamente num pecado passado, "aquele que ergue minha cabeça" me lembra de que, embora eu ainda não seja o que serei, não sou o que eu era. Ele me tira do passado e me traz de volta ao presente com a certeza de que a santificação está lentamente fazendo o seu trabalho *hoje*. Ele me impede de reviver minhas dores passadas ao me lembrar de perdoar como fui perdoada. Podemos combater as "más notícias" do passado lembrando-nos das boas novas do evangelho e confiando nelas.

2. Deixe o futuro no futuro

Remir o tempo requer que o futuro fique no futuro. Podemos nos apegar ao futuro, deixando-nos levar por duas emoções diferentes: antecipação pecaminosa ou ansiedade. Apegamos-nos à antecipação pecaminosa quando constantemente cobiçamos a próxima etapa da vida. O adolescente que quer ser um estudante

---

1 *"O for a Thousand Tongues to Sing,"* 1739.

Incomparável

universitário. A jovem mãe que mal pode esperar para que suas crianças não usem mais fraldas. A mulher em seus cinquenta anos que mal pode esperar para se aposentar. Desejar o futuro, em si, não é algo errado. Ver uma fase futura da vida como um escape da fase presente é. Assim como a nostalgia pecaminosa, a antecipação pecaminosa é revertida por meio da gratidão aos dons que temos recebido no presente.

Nós alimentamos a ansiedade quando vivemos em temor do futuro. Nós tememos incertezas ou potencialidades: a perda de um emprego, uma possível doença, ou apenas o fato de que não temos ideia (ou controle) do que o amanhã trará. Nossas orações são marcadas por pedidos para conhecer o futuro ao invés de pedidos para viver o hoje para o Senhor. Jesus nos lembra de que não devemos ficar ansiosas quanto ao futuro, "pois o amanhã trará os seus cuidados; basta ao dia o seu próprio mal" (Mt 6.34). O antídoto para a ansiedade é lembrar e confessar que nós podemos confiar o futuro a Deus. Isso não significa que nós não nos preparamos para o futuro, mas que nos preparamos de forma sábia, ao invés de nos preparar de maneira temerosa.

3. Viva o hoje plenamente

Remir o tempo requer que estejamos completamente presentes no presente. Nós podemos desperdiçar o hoje alimentando dois pecados diferentes: preguiça ou superocupação. Tanto a pessoa preguiçosa quanto a compulsivamente ocupada sutilmente rejeitam o limite do tempo ordenado por

ETERNO

Deus. A pessoa preguiçosa acredita que *sempre haverá mais tempo* para cumprir suas responsabilidades. Ela pode gastar o hoje como quiser. Caracteriza-se pela procrastinação, pela perda de prazos e por desculpas. Como uma gastadora extravagante de dinheiro, ela gasta seu tempo sem considerar o custo, acreditando, em seu íntimo, que ela tem um crédito sem fim de horas. A preguiça acredita que o tempo que Deus deu não é precioso. Devemos remir o presente observando a formiga, como Provérbios 6.6 diz, juntando quando é tempo de juntar.

A pessoa compulsivamente ocupada acredita que *nunca haverá tempo suficiente* para gerenciar suas responsabilidades. Ela também acredita que pode gastar o hoje como quiser, tomando sobre si mais atividades do que um dia pode suportar, reclamando que não há mais horas no dia. Ela se caracteriza pela exaustão e por assumir mais compromissos do que deveria. Como um pão-duro, ela espreme cada gota de produtividade de cada minuto do dia, acreditando, em seu íntimo, que o descanso é para quando morrermos. A superocupação acredita que o tempo que Deus deu não é adequado. Nós devemos remir o presente separando tempo para observar a prática da quietude e o preceito do *Sabbath*, tomando a confiante postura daquele que se senta aos pés do seu Senhor.

Quando trabalhamos para remir o tempo, refletimos o nosso Criador. Deus é o último remidor do tempo: ele redime todo o tempo, e redime exatamente no tempo certo. Somos encarregadas de remir os anos que ele nos deu como um ato racional de adoração.

Incomparável

DERRUBANDO O MITO DA ETERNIDADE HUMANA

Quase no centro de nossas bíblias está o Salmo 90, o contraste esplêndido, feito por Moisés, entre a natureza eterna de Deus e a natureza passageira do homem.

> *Senhor, tu tens sido o nosso refúgio, de geração em geração.*
> *Antes que os montes nascessem e se formassem a terra e o*
> *mundo, de eternidade a eternidade, tu és Deus.*
> *Tu reduzes o homem ao pó e dizes: Tornai, filhos dos homens.*
> *Pois mil anos, aos teus olhos, são como o dia de ontem que se*
> *foi e como a vigília da noite (Sl 90.1-4).*

Note a eternidade de Deus, sem gerações e sem fim, comparada à brevidade, como de gramas e flores, do homem. Não limitado pelo tempo, Deus sempre existiu e sempre existirá. Os anos não têm qualquer poder sobre ele; e, ainda assim, ele determina o nosso tempo. Moisés responde a esse conhecimento com uma súplica: "Ensina-nos a contar os nossos dias, para que alcancemos coração sábio" (Sl 90.12).

Ensina-nos. Nós temos algo a aprender com sua eternidade e nossa efemeridade. Ajuda-nos a entender a sabedoria de contar nossos dias.

Eu tinha vinte e sete anos quando aprendi que meus dias

ETERNO

estavam contados. Meu entendimento veio na forma de uma ligação inesperada. Segurando meu filho de seis meses, grávida de dois meses de minha filha, ouvi, sem compreender, a explicação do médico de que eu tinha um melanoma, a forma mais maligna de câncer de pele. Eles retiraram um pedaço de pele, profundo e largo, da parede do meu então crescente abdômen.

Quando você ouve um diagnóstico de câncer, você não pode fingir que não ouviu. Mesmo com tratamento bem-sucedido, ele muda a forma como você conta seus dias. Foi-me dada uma oportunidade que muitas moças de vinte e sete anos não tiveram: a oportunidade de contar cada um dos meus dias como precioso. Quaisquer ilusões que eu poderia ter de que esta vida duraria para sempre foram efetivamente removidas. Aprendi uma perspectiva que muitos não entendem até que o processo de envelhecimento comece sua lição fiel sobre a fragilidade humana universal. Eu não tive que esperar por rugas nem por uma operação na bacia. Meu pai eterno me ensinou desde cedo a buscar o chamado sagrado de "viver bem este dia".

A experiência me marcou. Talvez você possa se identificar. Diferentemente de minha cunhada e dos milhares de outros da minha geração que marcaram seus credos em suas peles, eu não fiz uma tatuagem — não porque eu desaprovo, mas porque eu já fui suficientemente marcada. Tenho uma cicatriz brilhante que, se você for ver, não forma qualquer padrão aparente. Mas aos meus olhos, mais legível que qualquer tatuagem, ela forma as palavras: "amanhã, se Deus quiser".

Incomparável

Vivemos de maneira diferente quando consideramos o futuro como um lugar ao qual iremos "se Deus quiser". Deus não me deve os setenta ou oitenta anos de que Moisés fala no Salmo 90. Cada ano que ele dá é um presente, gracioso e imerecido. Graças sejam dadas a Deus, não apenas pelos anos em que ele me tem preservado, mas pelos anos que ordenou para mim, perfeitos em número e conhecidos somente por ele.

Quão ciente você está de que os seus dias estão contados? Quão disposta você está para pedir que o Senhor lhe ensine essa preciosa verdade? Nos versos de desfecho do Salmo 90, Moisés faz um último pedido memorável a Deus. Ele pede, não uma vez, mas duas vezes, que os nossos setenta ou oitenta anos tivessem um impacto que sobrevivesse a esse tempo.

> *Seja sobre nós a graça do Senhor, nosso Deus;*
> *confirma sobre nós as obras das nossas mãos,*
> *sim, confirma a obra das nossas mãos.*

Aqui está uma verdade memorável: Deus é capaz de trazer resultados eternos de nossos esforços limitados pelo tempo. Isso é o que Jesus indica quando ele nos diz para ajuntarmos tesouros nos céus ao invés de na terra. Quando investimos nosso tempo no que tem importância eterna, nós ajuntamos tesouro nos céus. Deste lado da vida, os únicos investimentos com importância eterna são as pessoas. "Viver bem este dia" significa priorizar relacionamentos a ganhos materiais. Não podemos levar conosco nossas coisas quando morremos, mas,

ETERNO

querendo Deus, podemos alimentar o faminto e vestir o necessitado de tal forma a produzir um resultado eterno. Podemos proferir palavras que, pelo favor do Senhor, se transformem em palavras de vida. Esse é o chamado do missionário, do magnata e da mãe de filhos pequenos: usar seu tempo para impactar as pessoas por toda a eternidade.

Muito depois de gerações amadas que debatem sobre tatuagem ao redor da mesa se tornarem pó, muito depois que sua geração sumir como a grama, o Deus de todas as gerações permanecerá. Graças sejam dadas ao Deus para quem "mil anos são como o ontem", o Deus que é de eternidade a eternidade. Graças sejam dadas a Deus pelo limite do tempo, ao qual estamos restritas e ele não. Deus eterno, prospera a obra das nossas mãos.

Incomparável

VERSÍCULOS PARA MEDITAÇÃO
Sl 90
Ec 3.1-15
Mt 6.25-34
Tg 4.13-16
Ap 1.8

PERGUNTAS PARA REFLEXÃO
1. Como você tem sido atraída para habitar, pecaminosamente, no passado ou no futuro, ao invés de no presente?
2. Qual tentação é maior para você: preguiça ou superocupação?
3. Se os nossos investimentos eternos devem ser em pessoas, quais dos seus relacionamentos precisam de mais atenção? Liste seus nomes abaixo. Com base na sua resposta, quais usos específicos do seu tempo deveriam aumentar? Quais deveriam diminuir ou ser eliminados por completo?
4. Quão ciente você está de que seus dias estão contados? Como seu nível de consciência sobre isso afeta o modo como você adora a Deus? E o modo como você ama e serve os outros?

ORAÇÃO
Escreva uma oração ao Senhor confessando seu desejo de habitar em algum lugar que não seja o presente. Peça-lhe que a

ETERNO

ajude a contar os seus dias, tratando cada um deles como precioso. Agradeça-lhe pelos bons dons que ele deu a você hoje. Louve-o pelo fato de que, de eternidade a eternidade, ele é Deus.

6

Imutável

O DEUS DE INFINITA IMUTABILIDADE

*Tu não mudaste, tuas compaixões não falharam
Como tu foste, assim tu sempre serás.*
— *Thomas Chisholm*

Minha família passa as férias na casa dos meus pais, em Santa Fé, estado do Novo México, nos Estados Unidos, uma cidade localizada entre picos montanhosos. O maior deles é o *Santa Fé Baldy*, o mais alto à vista. Os indígenas se instalaram ao seu pé por volta do ano de 1050, mas é provável que eles não tenham sido o primeiro povo a fazer daquela área o seu lar. Frequentemente, quando acordo e olho para aquela montanha, penso sobre como aquela mesma visão se apresentou ao olho humano ano após ano, século após século. As montanhas recortadas, cujos declives e elevações estou aprendendo a conhecer de cor, são as mesmas que os primeiros índios

Incomparável

americanos conheceram. As estações podem alterar a face das montanhas com folhagem, neve, ou diferentes ângulos da luz solar, mas por trás dessas mudanças superficiais, a grande rocha permanece, e sua silhueta não muda com o passar do tempo. Ela orienta a paisagem. Ele é o imutável ponto de referência sobre o qual se deitam os olhos a fim de se determinar a direção que leva para casa.

As Escrituras falam de um Deus que não muda. Como o maior pico montanhoso no horizonte, de geração em geração, Deus permanece o mesmo, imutável, sustentando a paisagem da existência humana, enquanto tudo o mais ao seu redor decai e passa, floresce e murcha, cresce e diminui. A rocha da nossa salvação permanece. Os brilhos e sombras da circunstância humana podem revelar certos contornos de seu caráter num dia e outros no dia seguinte, mas seu caráter permanece fixo. Seus planos permanecem estáveis. Suas promessas permanecem firmes. Em um mundo que está em constante mudança, ele é o ponto de referência imutável sobre o qual os olhos espirituais se fixam para determinar o caminho que leva para casa.

"Pois quem é Deus, senão o SENHOR? E quem é rochedo, senão o nosso Deus?" (Sl 18.31). Apenas no livro de Salmos, existem mais de vinte referências a Deus como nossa rocha, e a imagem permeia tanto o Antigo quanto o Novo Testamentos. Jesus fala do homem sábio, que constrói sobre a rocha, ao invés de sobre a areia (Mt 7.24-27). Através do profeta Malaquias, Deus declara: "Porque eu, o SENHOR, não mudo" (Ml 3.6). O escritor de Hebreus exulta: "Jesus

IMUTÁVEL

Cristo, ontem e hoje, é o mesmo e o será para sempre" (Hb 13.8). Tiago celebra a bondade do Deus "em quem não pode existir variação ou sombra de mudança" (Tg 1.17). Ele é imutável, não apenas alguém que não muda, mas incapaz de mudança de qualquer tipo.

O CONFORTO DA IMUTABILIDADE

Considere quão grande é o conforto de estar pessoalmente ligada a um Deus que não muda. Do Antigo Testamento ao Novo, ele é o mesmo. Nenhum de seus atributos pode aumentar ou diminuir, porque cada um é imutavelmente infinito. Seu conhecimento não pode aumentar ou diminuir. Sua fidelidade não pode aumentar ou diminuir. Nossas ações, boas ou más, não podem aumentar nem diminuir sua glória. Ele não pode se tornar mais santo nem menos firme. Ele simplesmente é tudo isso ao máximo — para sempre. O *Deus que era* é o *Deus que é*. O *Deus que é* é o *Deus que há de vir*. O *Deus que há de vir* é o *Deus que era*.

Porque ele não muda, nós podemos confiar na imutável verdade das Escrituras. O que ele declara como pecado sempre será pecado. O que ele declara como bom sempre será bom. Tudo o que ele prometeu irá acontecer. O próprio evangelho está ligado à ideia da imutabilidade de Deus. Nós, fervorosamente, precisamos que Deus permaneça o mesmo — nossa grande esperança de salvação está no fato de ele permanecer exatamente como ele diz que é, fazendo exatamente o que ele disse que fará. Enquanto sua infinita imutabilidade durar, ele

Incomparável

não mudará sua decisão de direcionar a nós o seu amor. Não podemos cometer um pecado futuro que o levará a mudar seu veredito, porque seu veredito tinha cada pecado, passado, presente e futuro, fixado diante de seus olhos. Quem Deus declara justo será sempre justo. Nada que façamos pode remover de nós o selo de sua redenção prometida. Nada pode nos separar do infalível, imutável amor desse grande Deus, a rocha da nossa salvação sobre a qual a casa de nossa fé está edificada.

CRIATURAS MUTÁVEIS

Diferentemente de nosso Deus de infinita imutabilidade, você e eu, suas criaturas, experimentamos constante mudança em cada esfera que habitamos. Nossos corpos físicos crescem e mudam, amadurecem e declinam. As covinhas e dobrinhas da fase de bebê se tornam as rugas e cataratas da velhice. Nossa beleza física aumenta e diminui. Nosso intelecto se expande e se contrai. Nossas afeições aumentam e diminuem, assim como nossos medos e aversões. Nossas circunstâncias podem mudar, e assim também nossas alianças. Nós gritamos "crucifica-o!", enquanto nossos clamores de "hosana!" ainda ecoam pelos ares. Nossa percepção de moda, nosso gosto pela maneira de se vestir, nossas opiniões políticas, nossas condições financeiras, nossas percepções dos outros podem mudar ano a ano e, às vezes, de uma hora para a outra.

Aqueles que buscam o consolo da certeza são logo lembrados de que a única certeza é a da mudança. Esse não é um pensamento muito consolador. Mas também não é um

IMUTÁVEL

pensamento muito preciso. É mais verdadeiro dizer que a única certeza é o próprio Deus, que não muda.

Como nada que você e eu possamos perceber escapa à mudança, entender sua infinita imutabilidade pode ser uma tarefa difícil. Achamos bem mais fácil tentar procurar segurança em uma pessoa ou coisa tangível que, ao menos, dê a convincente impressão de que é imutável. Talvez nós obtenhamos consolo em uma amizade que tem vencido o teste do tempo. Tal relacionamento pode parecer imutável, mas com uma observação mais cuidadosa, notaremos que ela tem amadurecido e se aprofundado. Talvez obtenhamos consolo em um lugar de férias aparentemente intocado pelo tempo todas as vezes que o visitamos. Mas, claro, se olharmos mais cuidadosamente, notaremos sinais de mudança lá também.

A casa dos meus avós em Pitsburgo, nos Estados Unidos, era um lugar onde eu sempre senti que parecia permanecer o mesmo. Naquela habitação de conforto, nem um objeto sequer de decoração jamais foi movido de lugar. Cada visita prometia uniformidade — o mesmo cheiro de creosoto da garagem, as mesmas refeições, nos mesmos pratos, na mesma mesa. Depois do jantar, os mesmos jogos de tabuleiro. As mesmas noites desfrutadas na varanda, observando os vagalumes. A mesma banheira rosa para se banhar, e a mesma cama antiga para sonhar. Era o paraíso.

Em minha última visita a Pitsburgo, dirigi até a arborizada rua sem saída e estacionei na calçada. Meus avós já faleceram há algum tempo, mas eu queria ver a casa e relembrar aqueles momentos. Nada havia lá para ser visto a não ser a floresta.

Incomparável

Um vizinho, querendo um terreno maior, tinha comprado a casa e a derrubado. Incomodou-me ver como a mudança me incomodava. Como alguém ousaria arrasar aquele paraíso? Céus!

ONDE REPOUSA A NOSSA IMUTÁVEL ESPERANÇA

A tristeza e a frustração que sentimos por causa das mudanças de coisas que críamos ser imutáveis revelam nossa tendência a atribuir o que é verdadeiro somente em relação a Deus a pessoas, posses ou circunstâncias que não são Deus — é esperar que lugares terrenos sejam celestiais. Eu digo a mim mesma que meu amor pela rotina e minha aversão à mudança são um desejo pelo Deus que não muda, mas, se eu for honesta, eles são apenas idolatria. Na verdade, eu estou dizendo para coisas temporárias e mutáveis: "eu preciso que vocês sejam Deus. Por favor, apenas permaneçam as mesmas".

Mas a pior parte não é que eu peça ao mundo ao meu redor para não mudar (ou que pelo menos aja convincentemente, apesar de não ser imutável). A pior parte é que, quando confrontada com o meu pecado arraigado, minha defesa imediata é dizer: "Isso é apenas quem eu sou. Eu não posso mudar".

Eu não posso mudar. Imutável.

Mentira. Mentira direta do diabo. Proferida em desespero ou em rebeldia, essa frase é uma mentira. Apenas uma pessoa não muda, e essa pessoa é Deus. Porém, quando confrontada com a necessidade de deixar o pecado, eu respondo à pergunta "quem é imutável?" com um "eu".

IMUTÁVEL

Assim como minha certeza de salvação está no fato de que Deus não pode mudar, minha esperança de santificação está no fato de que eu posso mudar.

Que maior rejeição do evangelho da graça existe em dizer que ele pode mudar o coração de todo pecador, exceto o meu? Que maior egoísmo existe? Sem dúvida, como descrentes, podemos sentir o desespero de nosso estado à parte da graça. Nós podemos corretamente conjecturar que, sem a intervenção de um milagre, não podemos mudar para melhor. Mas quando o milagre da graça é aplicado aos nossos corações, a mudança se torna gloriosamente possível. O imutável dissipa para sempre o mito da imutabilidade humana, transformando um coração que antes era de pedra em um coração de carne, mudando desejos que antes buscavam apenas gloriar a si mesmo em desejos que buscam glorificar a Deus.

DERRUBANDO O MITO DA IMUTABILIDADE HUMANA

Talvez, em nenhum outro momento, demonstramos mais o nosso comprometimento com o mito da imutabilidade humana do que quando brigamos uns com os outros.

"Você nunca escuta quando falo com você."
"Você sempre deixa suas meias no chão."
"Você nunca está pronto a tempo para a escola."
"Você sempre faz macarrão para o jantar."

Incomparável

Essa última frase foi dita a mim pelo meu filho que é avesso à macarrão. Eu afirmo para você, nós não jantamos macarrão sempre. Eu pergunto: comemos macarrão no jantar com frequência? Sim. Eu admito, pequena e ingrata pessoinha da minha casa que não tem de planejar o menu nem preparar o jantar. Nós *sempre* comemos macarrão? Não. Mas aquela palavra *sempre* é tão atrativamente útil quando queremos apoiar um argumento fraco. Por que alguém sempre reclama quando eu sirvo macarrão?

Quando aplicamos os termos *sempre* ou *nunca* para pessoas, estamos falando uma inverdade. Seres humanos não fazem *sempre* ou *nunca* alguma coisa. Simplesmente não somos constantes assim. Nós *frequentemente*, ou *com certa regularidade*, ou *usualmente*, ou *habitualmente*, fazemos algo, mas não fazemos *sempre* ou *nunca*. Como criaturas finitas e mutáveis, não podemos nos valer desses termos, seja em tom pejorativo ou de louvor. Eles só podem ser corretamente aplicados a Deus.

É por isso que quando o texto de 1Coríntios 13 é lido em casamentos (e ele parece ser lido em todo casamento, sejam os noivos cristãos ou pagãos), eu tenho que segurar o riso. Eu costumava sentar, rindo silenciosamente comigo mesma, à medida que aquela bela definição de amor era lida ao casal.

> *O amor é paciente, o amor é bondoso. Não inveja, não se vangloria, não se orgulha. Não maltrata, não procura seus interesses, não se ira facilmente, não guarda rancor.*
>
> *O amor não se alegra com a injustiça, mas se alegra com a verdade (vs. 4-6, NVI).*

IMUTÁVEL

Boa sorte com isso, vocês dois. É provável que o noivo deixará habitualmente sua toalha no chão do banheiro. É possível que a noiva irá repetidamente mencionar isso. Quantos casamentos demonstram, de forma verdadeira e consistente, o tipo de amor descrito em 1Coríntios 13? Quero dizer, claro, vamos fazer dele nosso alvo, mas aperte bem os cintos. Isso é conversa de lua de mel. E aqui vem o *grand finale*: "Tudo sofre, tudo crê, tudo espera, tudo suporta. O amor nunca perece" (vs. 7-8, NVI).

Certo. Mas os nossos casamentos são repletos de amor que esmorece, de amor que está tão longe do que é descrito nesses versos, que até parece inadequado lê-los durante a cerimônia.

A menos que eles não descrevam o amor humano.

O meu ceticismo em relação a casamentos foi derrubado pela percepção de que 1Coríntios 13 descreve um amor *sempre e nunca* — o tipo de amor que somente pode ser atribuído a um Deus de infinita imutabilidade. Ele não descreve o amor humano, mas o amor pelo qual todo coração humano anseia: o amor *sempre e nunca* de Deus. Somente Deus pode dizer com toda a verdade que seu amor *sempre* sofre, *sempre* crê, *sempre* espera, *sempre* suporta. Somente Deus pode corretamente dizer que seu amor *nunca* perece. Que melhor passagem para se ler num casamento do que uma que descreva o tipo de amor que nunca poderemos receber perfeitamente de quem quer que seja, senão do nosso Pai celestial? Quão mais dispostos estaríamos para substituir a linguagem *sempre e nunca* de nossos argumentos humanos pela linguagem de graça e perdão,

Incomparável

se apenas reconhecêssemos que não podemos pedir que outro humano seja nosso Deus?

A idolatria nos controla quando você e eu dependemos de um relacionamento humano, de uma circunstância, ou de alguma coisa que *nunca* nos deixe ou abandone, que *sempre* permaneça. A idolatria nos controla quando cremos que um relacionamento ou um momento difícil nunca mudará, que sempre será sem esperança, doloroso e cheio de sofrimento. Mas aqui está a verdade capaz de derrubar ídolos:

Toda circunstância em que você se encontra irá mudar, exceto a situação de seu perdão.

Toda posse que você tem irá perecer, exceto a pérola da sua salvação.

Todo relacionamento em que você entrar irá vacilar, exceto sua adoção pelo seu Pai celestial.

Enquanto escrevo este livro, estou no fim de uma semana cheia de manchetes históricas. Questões de raça, gênero, sexualidade, religião e política irromperam em caos ao mesmo tempo. Líderes caíram, leis foram derrubadas, o terrorismo escreveu sua mensagem com sangue por três continentes, e as redes sociais querem desesperadamente me convencer de que, dessa vez, é sério, o céu está realmente desabando. Eu me lembro de outras semanas como esta, a ansiedade e o alarme que elas geraram em mim, o medo na garganta. Mas esta semana eu me encontro num lugar diferente, e isso não pode ser por acaso. O furor das nações pode ser enfrentado somente se mantivermos um ponto fixo à vista: o Senhor Deus, sentado em seu trono. Aquele ponto fixo tem sido a minha meditação esta semana, a fim de poder escrever este livro, e o efeito tranquilizador que ele tem tido sobre mim diante das mudanças e das agitações me surpreendeu. O *sempre* e *nunca* do meu Deus imutável são particularmente úteis para mim esta semana, e particularmente preciosos.

Não há rocha, senão a rocha da nossa salvação. Nenhum coração humano é tão duro que não possa ser amolecido, nem mesmo o seu, leitora. Largue a idolatria do seu *sempre* e do seu *nunca*. Aquelas palavras são verdadeiras apenas com relação a Deus. Peça-lhe que mude o que você acredita estar além do alcance do poder transformador da graça do Pai. Nosso Deus de infinita imutabilidade é uma rocha. Quando tudo ao nosso redor é areia movediça, que possamos clamar a ele: "Leva-me para a rocha que é alta demais para mim; pois tu me tens sido refúgio" (Sl 61.2-3).

Incomparável

VERSÍCULOS PARA MEDITAÇÃO
Sl 18.31
Ml 3.6
Mt 7.24-27
1 Co 13.4-8
Hb 13.8
Tg 1.17

PERGUNTAS PARA REFLEXÃO
1. Como o conhecimento de que Deus não pode mudar lhe traz segurança? De que forma ele também poderia ser um alerta para você?
2. Em quais relacionamentos humanos, posses ou circunstâncias você tem se apoiado em busca de estabilidade em vez de se apoiar no Deus imutável? Quão confiável você descobriu que sua "rocha substituta" é?
3. Com que frequência você usa as expressões *sempre* ou *nunca* em uma briga? O que essa tendência pode revelar sobre o estado de sua fé?
4. Qual *sempre* ou *nunca* você equivocadamente acreditava ser verdade sobre si mesma? Ou sobre alguém? Ou, ainda, sobre uma situação ou relacionamento?

ORAÇÃO
Escreva uma oração ao Senhor confessando uma coisa sobre si mesma que acreditava ser imutável. Peça-lhe uma consciên-

IMUTÁVEL

cia de onde você pode estar inflexível e graça para aprender a mudar. Agradeça-lhe pelo grande dom da mutabilidade humana. Louve-o pelo fato de que ele, o Senhor, não muda.

7

Onipresente

O DEUS DE INFINITOS LUGARES

Dentro do teu poder envolvente eu permaneço;
Por todos os lados encontro tua mão;
Despertado, dormindo, em casa, ou fora,
Ainda estou rodeado por Deus.
— Isaac Watts

Localizada na região sudoeste dos Estados Unidos da América está uma atração turística que atrai milhares de visitantes todos os anos. A seis horas de carro do aeroporto mais próximo e a cinquenta e três quilômetros da cidade vizinha, ela fica literalmente no meio do nada. Não há quaisquer formações rochosas exuberantes, nem sequoias. Localizada numa paisagem sem grandes atrativos, seu ponto central é nada mais que um pequeno disco de bronze, marcando o ponto em que a fronteira de quatro diferentes estados se encontram: Arizona, Utah, Colorado e Novo México. Turistas posam para fotos em todos os quatro, — cada pé e cada mão em um deles — com as faces

Incomparável

radiantes de satisfação por serem capazes de dizer que estão em quatro lugares ao mesmo tempo.

A alegria no rosto daqueles posando no monumento *Four Corners* revela a nossa consciência de uma limitação muito específica: nós, humanos, estamos limitados a um só lugar. O fato de habitarmos em um corpo significa que não podemos estar em mais de um lugar ao mesmo tempo. Podemos nos mover de um local para outro, mas não podemos ocupar dois espaços simultaneamente, muito menos quatro. Ainda assim, as pessoas formam fila para terem suas fotos num local que oferece uma brecha, pelo menos em teoria. Nós sabemos que podemos estar apenas em um lugar, porém somos fascinadas pela ideia de que, talvez, até mesmo esse limite possa ser quebrado.

Um corpo é um conjunto de limites. Nossa altura determina o limite do que podemos ver quando estamos de pé no meio de uma multidão. Nossa massa determina o limite de quanta água iremos deslocar quando entramos numa piscina. A genética — ou, mais corretamente, Deus — determina o comprimento de nosso braço e o tamanho de nossos sapatos. Ao limitar nosso espírito a um corpo, Deus decreta que estaremos presentes onde estivermos presentes, e em nenhum outro lugar. Ainda assim, Deus, que é espírito, é capaz de estar completamente presente em todos os lugares. Nós verificamos essa ideia ao adicionar o prefixo *oni-* à palavra *presente*. O termo *oni* literalmente significa "todos", mas a maneira mais fácil de ler é substituindo-o pela expressão *sem limites* — Deus é onipresente, presente sem limites. Nenhum corpo físico o limita a um lugar específico.

Em João 4, Jesus tem a conhecida conversa com a mulher samaritana, que aponta para a diferença entre Deus e o homem na questão de localização. A mulher diz a Jesus: "Nossos pais adoravam neste monte [o monte Gerizim]; vós, entretanto, dizeis que em Jerusalém é o lugar onde se deve adorar" (v. 20). Ela está pedindo que Jesus esclareça qual lugar é a verdadeira habitação de Deus. Jesus responde que "Deus é espírito; e importa que os seus adoradores o adorem em espírito e em verdade" (v. 24). Deus, que não tem um corpo, não está preso a algum lugar. Ele está em todos os lugares e pode, portanto, ser adorado em qualquer deles. Jesus ecoa os pensamentos de seu ancestral, o rei Salomão, na dedicação do templo: "Mas, de fato, habitaria Deus na terra? Eis que os céus e até o céu dos céus não te podem conter, quanto menos esta casa que eu edifiquei" (1Rs 8.27).

Deus, não restringido por um corpo, não está limitado a um lugar. Ele não é meramente grande, ele é incontível, capaz de estar presente em todos os lugares.

IMANENTE E TRANSCENDENTE

Você se acha legal por ser capaz de contorcer seu corpo e assim tocar quatro estados ao mesmo tempo? Deus está presente em todos os lugares o tempo todo. E não apenas isso, mas em todos os lugares em que ele está presente, ele está *completamente* presente. Ele não está engajado em um contorcionismo cósmico, tentando se esticar entre um

Incomparável

número infinito de localidades. Ao invés de uma pequena parte dele ocupar cada lugar que ele habita, o todo de Deus está presente em todos os lugares, o tempo todo.

E isso fica ainda mais difícil de entender: o todo de Deus está completamente presente em todos os lugares passados, presentes e futuros. Os teólogos chamam isso de imanência. Em palavras simples, não há lugar — ou tempo — em que Deus não esteja.

No verão após meu segundo ano de faculdade, eu estudei na França. Eu mantive um diário como parte das minhas tarefas e também porque eu queria relembrar a viagem em detalhes. Escrevi sobre a Torre Eiffel, o Vale do Loire, o Anfiteatro de Arles. Várias décadas mais tarde, eu preciso desse diário para relembrar os detalhes da minha viagem. Deus, por sua vez, não mantém um diário de viagem. Deus não viaja. Não precisa se lembrar de como é a Torre Eiffel, nem precisa que alguém a descreva para ele — ele está lá. Completamente presente. Ele está onde você está neste momento também. Completamente presente. Ele está completamente presente muito além do que o telescópio Hubble pode ver e em lugares muito menores que o mais potente microscópio pode revelar.

Apesar disso, ele é distinto da criação que ele preenche. Os teólogos chamam isso de *transcendência*. Deus é completamente presente em sua criação, mas ele não é a sua criação. Os panteístas dizem que nós e toda a criação somos partes de Deus, pequenos pedaços da deidade. Os cristãos acreditam que "nele vivemos, e nos movemos, e existimos" (At 17.28), entretanto, nós somos nós, e ele é ele. Se nós e toda a criação somos pequenos pedaços

ONIPRESENTE

da deidade, então, nós e toda a criação somos dignos de adoração, e o texto de Romanos 1 estaria completamente errado em nos condenar por fazer tal coisa. O Deus da Bíblia está em todas as coisas e ao redor de todas elas, mas ele é distinto delas.

Embora Deus esteja completamente presente em todos os lugares, nós nem sempre nos damos conta disso. Às vezes, ele inequivocadamente declara sua presença a nós. Às vezes, não. Sintamos ou não sua presença, ele "não está longe de cada um de nós" (At 17.27). Embora esteja presente por completo, nós talvez percebamos apenas um determinado aspecto de sua natureza num dado momento. No culto de adoração, podemos sentir abundantemente a presença do seu amor. Em um tempo de meditação em sua lei, podemos perceber abundantemente a presença da sua santidade. Mesmo no inferno, Deus está completamente presente, embora seus habitantes percebam apenas sua ira. Para o crente, a eternidade será um lugar onde experimentaremos a presença de Deus com a plenitude de nossa capacidade. Lá, nós desfrutaremos dele como Emanuel, Deus *conosco*, como apenas pudemos desfrutar dele de forma limitada durante esta vida.

COBIÇANDO SER SEM LIMITES

Os humanos, diferentemente de Deus, estão presos a um lugar por vez. Na maior parte da história, essa restrição a um lugar limitou a habilidade do homem de aprender e adquirir conhecimento, de comunicar ideias, de formar e manter relacionamentos, de proteger seus amados e de dar e receber amor. O homem nascia em uma família dentro de uma comunidade, e

Incomparável

lá permanecia por toda a sua vida. Seu conhecimento de mundo era limitado ao conhecimento coletivo de sua comunidade imediata. Caso ele alcançasse uma grande descoberta filosófica, ela nunca teria deixado sua vila. Seus contatos de negócios e transações requeriam uma interação face a face. Seu círculo de relacionamentos era limitado àqueles com quem ele compartilhava proximidade física. Se os membros de sua família mudassem de vila, sua habilidade de protegê-los e mesmo de manter o relacionamento iria praticamente desaparecer.

Mas pense em como a restrição a um só lugar tem sido desafiada nos últimos duzentos anos e, particularmente, nas últimas décadas. Avanços nos transportes e na tecnologia possibilitaram a propagação do conhecimento e de ideias de um modo que os antigos nunca poderiam imaginar. O aprendizado virtual remove as barreiras de lugar associadas à obtenção de educação. Quando meu filho desenvolveu, logo cedo, um interesse pela física, ele começou a assistir a palestras, através de seu computador, de um aclamado professor do MIT[1], uma oportunidade que seria financeira e logisticamente impossível vinte anos atrás. Qualquer pessoa com um *blog* ou uma conta numa rede social pode divulgar suas ideias a quem quiser ouvir. Negócios podem ser feitos eletronicamente, sem quaisquer restrições geográficas. Fazer e manter relacionamentos já não precisa acontecer face a face — é tão fácil quanto se cadastrar no *Facebook* e no *LinkedIn*. E se os nossos amados morarem

---

1 N do T: *Massachusetts Institute of Technology* [Instituto de Tecnologia de Massachusetts, EUA].

ONIPRESENTE

em algum lugar distante de nós, temos o *FaceTime*[2] para nos manter próximos. Se precisarem de nossa ajuda ou proteção, podemos, em uma questão de segundos, entrar em contato com eles por meio de uma mensagem ou ligação telefônica e lhes enviar recursos que o auxiliem, pressionando apenas algumas teclas.

Boa parte de nossos avanços tecnológicos almejam diminuir os limites da restrição a um só lugar da humanidade. Nós ansiosamente aguardamos esses avanços, perguntando-nos quais deles nos libertarão ainda mais da tirania de nossos corpos físicos. Mas nem todos estão esperando por uma atualização.

Diferentemente de nós, Deus não tem restrições a um só lugar em relação à sua habilidade de possuir conhecimento. Porque Deus é onipresente, ele é capaz de ser onisciente (uma ideia que exploraremos mais detalhadamente no próximo capítulo). Porque está completamente presente em todos os lugares, ele não tem restrições de comunicação com suas criaturas — ele pode se comunicar livremente, quando quiser, com qualquer um de nós ou com todos de uma maneira que mesmo uma transmissão global não poderia imitar. Ele pode manter, perfeitamente, um número infinito de relacionamentos sem *Facebook* ou *Twitter*. Ele pode perfeitamente proteger aqueles que ama. Ele pode dar e receber amor sem quaisquer restrições. Para ele, nenhuma barreira de distância física pode jamais existir, nenhuma restrição geográfica pode impedir sua influência ou domínio.

---

2 N do T: Aplicativo de dispositivos *iOS* que permite a conversa por videoconferência.

Incomparável

O que nos leva à pergunta: somos idólatras por querermos avançar os limites que os nossos corpos físicos têm a um só lugar?

AFEIÇÕES DIVIDIDAS

Pense com que frequência nós nos vemos desejando estar em dois lugares ao mesmo tempo. Meus quatro filhos têm idades bem próximas, então, os finais de ano fazem com que meu esposo e eu tenhamos que nos dividir em consertos, torneios e cerimônias de entrega de prêmios que coincidem. Mas nós não nos dividimos simplesmente; nós atualizamos um ao outro por meio de mensagens, contando o que está acontecendo em cada evento que participamos. Sem dúvida, você também se vê fazendo arranjos similares com sua família, seu trabalho e até mesmo sua igreja. Uma vez que a internet nos possibilita trabalhar à distância, nossas salas de estar se tornam dois lugares ao mesmo tempo: um escritório e um lugar para estar com a família. Nós frequentamos uma igreja e assistimos, através da internet, aos cultos de outra igreja. Usamos o *FaceTime* com nossos filhos enquanto estamos em viagens de negócios para que possamos nos sentir como se estivéssemos em casa. Combinamos um dia na piscina com um passeio pelo shopping ao navegar pelo site da *Amazon* enquanto mantemos nossos olhos na água. Nós chamamos isso de "multitarefas" ou "eficiência", e isso certamente pode ser tais coisas. Mas é importante que façamos uma análise da realidade de vez em quando,

ONIPRESENTE

com respeito ao que estamos pedindo de nossa onipresença fabricada.

Não importa quão avançadas nos tornemos, nunca poderemos estar plenamente presentes em todos os lugares. Não podemos estar completamente presentes nem em dois lugares ao mesmo tempo. Nossa atenção necessariamente ficará dividida. Quando envio uma mensagem para o meu esposo contando todos os passos do evento em que estou, e leio as mensagens que ele me envia, nenhum de nós está completamente presente onde estamos. Quando permito que o trabalho invada os espaços da minha casa sorrateiramente, eu deixo de estar completamente presente na sala de estar como mãe ou esposa. Quando fico tão absorta com as amizades no Facebook, eu não invisto nas amizades presenciais como deveria. Quando digo a mim mesma que o *FaceTime* é tão bom quanto estar lá, eu estou com problemas. Não há um verdadeiro substituto para o tempo gasto presencialmente, para a interação humana um a um.

Pense com que frequência ouvimos histórias de mensagens ou e-mails que foram mal interpretados pelo destinatário. Muito usualmente, alguém tenta ter uma conversa à distância que deveria ser feita de forma presencial. Mesmo os autores do Novo Testamento reconheciam a importância de se estar presente em conversas importantes: "Ainda tinha muitas coisas que vos escrever; não quis fazê-lo com papel e tinta, pois espero ir ter convosco, e conversaremos de viva voz, para que a nossa alegria seja

Incomparável

completa" (2Jo 12). A alegria relacional completa ocorre presencialmente, num local físico compartilhado. Quando nós verdadeiramente nos importarmos com a profundidade da comunicação, nós evitamos ao máximos os desentendimentos. Não existe isso de onipresença humana. Nossas recém-descobertas formas de imitá-la não são a mesma coisa que estar lá. Eles não são substitutos para a presença. Eles não são idolatria em si mesmos, mas podem se tornar idolatria quando começamos a crer que eles são o equivalente a *realmente estar lá*. Eles são bons dons até querermos que eles nos façam como Deus.

Desejar estar em dois lugares não é um sentimento novo para os humanos. Faz parte da condição humana, especialmente para pais. É uma descrição inteligente dizer que ter um filho é como escolher ter seu coração andando fora do seu corpo para sempre. Quando amamos alguém profundamente e essa pessoa está longe de nós, seja temporária ou permanentemente, nós naturalmente desejamos estar em dois lugares ao mesmo tempo. O apóstolo Paulo expressou isso em sua carta aos Filipenses: "Ora, de um e outro lado, estou constrangido, tendo o desejo de partir e estar com Cristo, o que é incomparavelmente melhor. Mas, por vossa causa, é mais necessário permanecer na carne" (Fp 1.23-24). Desejar estar livre da restrição física pode, na verdade, honrar a Deus, desde que tenha a motivação correta e a perspectiva apropriada.

Paulo expressou um desejo de estar "com Cristo", embora, sem dúvida, ele conhecesse e cresse na promessa de Jesus de es-

ONIPRESENTE

tar conosco sempre. Paulo estava desejoso pelo tempo em que sua experiência em relação à presença de Cristo seria livre dos limites de sua existência restringida pelo tempo. E este é o desafio para o crente deste lado da eternidade: não podemos confiar que a nossa percepção da proximidade de Deus esteja correta. Deus está perto, quer sintamos ou não. O quão conscientes estivermos dessa verdade afetará diretamente o modo como vivemos.

VIGILÂNCIA E CERTEZA

Por um lado, o conhecimento da presença de Deus deveria nos tornar vigilantes quanto ao pecado. Como uma criança que tenta pegar a vasilha de biscoitos pensando que sua mãe não está por perto, quando nos esquecemos de que Deus está completamente presente em todos os lugares, tornamo-nos lei para nós mesmas. Dizemos a nós mesmas que ninguém está vendo, que não vamos ser surpreendidas, que não há consequências para o pecado que passa despercebido. Porém, nada que fazemos passa despercebido: "'Sou eu apenas um Deus de perto', pergunta o Senhor, 'e não também um Deus de longe? Poderá alguém esconder-se sem que eu o veja?', pergunta o Senhor. 'Não sou eu aquele que enche os céus e a terra?', pergunta o Senhor'" (Jr 23.23-24, NVI).

Nos últimos anos, nosso mundo tem se tornado cada vez mais repleto de câmeras. Em quase todos os lugares onde vamos, estamos sendo filmados. Quando Ray Rice, jogador da NFL[3], agrediu sua esposa num elevador de hotel até ela ficar

---

3 N do T: *National Football League* [Liga Nacional de Futebol Americano, EUA].

Incomparável

inconsciente, em 2014, ele achava que ninguém o veria. Mas a presença da câmera de vigilância fez com que suas ações fossem transmitidas a milhões de espectadores assim que a filmagem "vazou". O testemunho ocular tem sido um poderoso instrumento legal desde o surgimento das leis, embora o testemunho humano nem sempre tenha se provado confiável. Entretanto, câmeras de vigilância não mentem. Elas ensinam uma lição sobre onipresença a qualquer um que estiver prestando atenção. Embora os governos tenham que decidir os limites apropriados da privacidade dos cidadãos, nenhuma lei de privacidade existe entre o criador e a criatura. Mais confiável que qualquer câmera é o testemunho ocular de um Deus onipresente.

Por causa disso, cada pecado que cometemos é, primeira e principalmente, um pecado contra Deus. Davi reconhece isso em sua confissão em Salmo 51.4:

> *Pequei contra ti, contra ti somente,*
> *e fiz o que é mau perante os teus olhos,*
> *de maneira que serás tido por justo no teu falar*
> *e puro no teu julgar.*

John Piper comenta: "O pecado, por definição, é um fenômeno vertical"[4]. Jesus também aponta para essa verdade na

---

4 John Piper, "*How Could David Say to God — After Sleeping with Uriah's Wife and Then Killing Him — 'Against You and You Only Have I Sinned'?*" www.desiringGod.org, 14 de novembro de 2008, http://www.desiringgod.org/interviews/how-could-david-say-to-god-after-sleeping-with-uriahs-wife-and-then-killing-him-against-you-and-you-only-have-i-sinned.

ONIPRESENTE

maneira como ele elabora a confissão do filho pródigo. Note a ordem das palavras do filho: "Pai, pequei contra o céu e contra ti" (Lc 15.18, NVI). Se o pecado fosse meramente uma questão de ofender outras pessoas, se a confissão fosse meramente uma questão de buscar o perdão humano, a graça não seria maravilhosa. É a graça divina, livremente dada por um Deus que é testemunha do pecado que cometemos *à sua vista*, que ensina os nossos corações a temerem e a tremerem em correta reverência.

O fato de ele ser testemunha de cada um dos nossos pecados e deficiências, públicos e privados, deveria nos inspirar à vigilância. Isso deveria produzir em nós confissão e arrependimento. O fato de ele testemunhar nossos pensamentos invisíveis antes que eles se tornem ações, ou nossas palavras antes que elas sejam formadas em nossas línguas, deveria nos levar a pensar e a falar com cuidado. O fato de ele ver tudo e, contra qualquer expectativa, permanecer disposto a perdoar, deveria despertar em nós gratidão do tipo mais profundo, um desejo de ser a mesma pessoa em público e a portas fechadas — uma pessoa que pensa, age e fala como alguém que teme ao Senhor; uma pessoa que entende que a presença ilimitada de Deus não deixa espaços para uma vida prática de ateísmo — professando que um Deus onipresente existe, mas vivendo como se ele não existisse.

Deus vê. Deus está presente. Nada está escondido. E isso é motivo não apenas para vigiarmos, mas para nos sentirmos seguras com a mais bendita segurança que um coração pode conhecer.

Incomparável

Quando os nossos corações nos enganam com a mentira de que Deus está distante, quando começamos a nos perguntar se os nossos sofrimentos não são vistos ou se os nossos pecados nos desqualificam, podemos nos apegar à certeza do Salmo 23: "Ainda que eu ande pelo vale da sombra da morte, não temerei mal nenhum, porque tu estás comigo". O "comigo" de Deus não depende de nosso merecimento, mas sim de sua vontade. Sua vontade é que seus filhos escolhidos nunca sejam deixados sozinhos.

Existe uma ideia chamada de "o ministério da presença". Aqueles que sofreram alguma perda trágica podem lhe dizer sobre ela. Ela ocorre quando pessoas amadas se sentam ao seu lado em meio à sua tragédia. No momento em que nenhuma palavra, por melhor que seja, pode lhe oferecer consolo, quando nenhum alimento pode preencher o seu estômago ácido, e quando nenhum arranjo de flores gentilmente enviado pode mascarar a dor do seu desespero, aquelas pessoas se sentam ao seu lado e lhe oferecem a silenciosa certeza da proximidade, o dom de estar perto. Elas vieram para ficar. Seu enorme e monstruoso sofrimento não as enche de terror ou repulsa. Mesmo se você as expulsar para longe, pedindo que vão embora, elas recusariam para o bem da sua alma.

Existe essa ideia chamada de "ministério da presença", e Deus é perfeito nisso.

"O SENHOR é quem vai adiante de ti; ele será contigo, não te deixará, nem te desamparará; não temas, nem te

ONIPRESENTE

atemorizes" (Dt 31.8). Quando a tragédia sobrevém, quer estejamos combatendo o pecado ou o sofrimento, nós nunca enfrentamos esses inimigos sozinhas. Seu espírito, que nos cerca por trás e por diante, também habita em nós. Ele está ao nosso redor, e ele está dentro de nós. Quão seguras estamos?

Sua presença certa não é simplesmente um consolo no sofrimento e na aflição, ela é um consolo no tédio e na alegria também. Ele não precisa cumprimentar você pela manhã com um "Como você dormiu?", nem à noite com "Como foi o seu dia?". Ele tem estado com você durante todo esse tempo. Ele nunca precisa se atualizar sobre suas últimas novidades, nem precisa que você lhe mostre suas mais recentes conquistas. À medida que os meus filhos começam a deixar a nossa casa rumo à vida adulta, eu sinto um desejo de estar com todos os quatro onde quer que forem. Parece tão estranho que eles estejam aprendendo novas ideias e experimentando a vida sem a minha presença para testemunhar cada momento. Eu sei que esse é o próximo passo natural, mas a separação ainda é uma perda. A natureza de nossa comunhão foi alterada. Em contrapartida, a natureza de nossa comunhão com o Pai celestial não passa por qualquer separação. Ela certamente passará por alterações, mas apenas do menos para o mais. Nós podemos conhecer sua presença durante esta vida, e podemos ser mais conscientes dela, mas nós iremos conhecê-la com muito mais clareza na eternidade. Senhor, apressa esse dia!

Incomparável

DERRUBANDO O MITO DA ONIPRESENÇA HUMANA

No texto de Gênesis 28, vemos Jacó fugindo da casa de sua juventude para escapar do irmão a quem havia enganado. Sua vida, até aquele ponto, foi marcada por autopromoção, presunção e artimanhas. Deitando-se para dormir, ele teve uma visão do céu, com anjos subindo e descendo. Ele acorda e exclama: "Na verdade, o SENHOR está neste lugar, e eu não o sabia" (v. 16). De fato, sua vida tinha demonstrado uma falta de reconhecimento do seu sempre presente Deus. Como Jacó, você e eu devemos viver como aqueles que reconhecem que o Senhor certamente está presente. Vivemos como aqueles despertados de um sonho, confiantes de que a qualquer lugar que formos, iluminado ou sombrio, próximo ou longe, assustador ou seguro, Deus está lá.

Não, não podemos estar em mais de um lugar ao mesmo tempo. Quando buscamos a onipresença, acabamos por garantir que não estaremos completamente presentes em lugar algum, que ficaremos sobrecarregadas e que seremos pessoas de atenção, afeição, lealdade e esforço divididos. É melhor confiarmos que esses corpos que nos prendem a uma única localidade são bons limites dados por um bom Deus. É melhor nos maravilharmos com o fato de que, onde quer que estejamos, seu espírito nos cerca e nos preenche. Cientes de que ele testemunha tudo o que pensamos, falamos e fazemos, aprendemos a viver vigilantes. Cientes de que ele enxerga seus

ONIPRESENTE

filhos através da lente da graça, aprendemos a escolher a franca confissão ao invés de optar pelo disfarce fútil. Cientes de que não podemos fugir de sua presença, deixamos de correr e, simplesmente, descansamos. Podemos aprender a apreciar sua proximidade. Nada de contorcionismo espiritual. Quando cremos que ele está completamente presente em todos os lugares, nós somos finalmente livres para estarmos, por completo, presentes no lugar onde ele nos colocou — face a face com aqueles que amamos, buscando a face de Deus.

Incomparável

VERSÍCULOS PARA MEDITAÇÃO

1 Rs 8.27

Sl 139.7-10

Is 66.1

Jr 23.23-24

At 17.27-28

PERGUNTAS PARA REFLEXÃO

1. Você se identifica mais com qual das formas que tentamos usar para imitar a onipresença? Quais dos seus principais relacionamentos precisam que você esteja presente por completo, muito mais do que já esteve até agora?

2. Sentir-se distante de Deus é sempre um indicativo de que algo está "errado" com o seu relacionamento? Que fatores podem impedir que você se sinta perto de Deus, mesmo intelectualmente sabendo que está?

3. Como a onipresença de Deus muda a forma como você pensa sobre seus pecados secretos? E sobre o formato que uma confissão deve ter?

4. Como a onipresença de Deus a conforta pessoalmente? Como ela aumenta a sua admiração pela graça divina?

ORAÇÃO

Escreva uma oração ao Senhor confessando seu desejo de estar em mais de um lugar ao mesmo tempo. Peça-lhe que a ajude a viver como alguém que é vista, a cada momento, por

ONIPRESENTE

um Deus sempre presente. Agradeça-lhe pela certeza de que ele vê seus pensamentos, suas palavras e suas obras através da lente da graça. Louve-o porque não há lugar algum em que ele não esteja.

8

Onisciente

O DEUS DE INFINITO CONHECIMENTO

Ele conhece, sim, ele conhece,
Por que não confiar nele, então,
E confidenciar alegrias e tristezas
Ao Salvador dos homens?
— Georgia C. Elliott

Toda escola de ensino fundamental tem suas figuras únicas, e a minha não era diferente. A menina mais irritante da minha primeira série usava maria-chiquinhas, tinha joelhos machucados e um sério problema de autocontrole quando se tratava de responder perguntas. Ela se inclinava para frente, acenando a mão para atrair a atenção da professora antes de todo mundo. Se a nossa professora, a sra. Walker, chamasse um aluno diferente, a senhorita Maria--Chiquinha se esticava o máximo que pudesse e mexia os dedos freneticamente, se agitando e sussurrando bem baixinho, na esperança de que o outro aluno fosse fulminado.

Incomparável

Quando, enfim, era sua oportunidade de falar, ela soltava a resposta com a força de um pneu estourando, sua expressão facial ia se acalmando em triunfo e alívio, sendo que o efeito disso tudo só não era maior porque ela tinha perdido todos os oito dentes da frente de uma só vez.

Ela era uma sabichona e metida a inteligente. E essa menina era eu.

Enfim, a sra. Walker me chamou de lado e perguntou: "Não é ótimo quando você dá a resposta correta para uma pergunta?".

Sim. Sim, era. A sensação era ótima.

"Vamos deixar que outras crianças tenham a chance de se sentirem bem por responderem às perguntas também. Tudo bem?"

Bem, sra. Walker, francamente, será difícil conter meu ego gigantesco sob esse parâmetro. Mas eu entendo o que você quer dizer.

A maioria de nós teve momentos em que se achou esperta demais. A arrogância da juventude nos persegue até a vida adulta, quando as realidades da vida começam seu trabalho corretivo, ensinando-nos os limites de nosso conhecimento. Como Mark Twain muito certamente notou: "Quando eu era um garoto de quatorze anos, meu pai era tão ignorante que eu mal podia aguentar ter aquele velho por perto. Mas quando fiz vinte e um anos, eu me surpreendi com o quanto aquele velho homem aprendeu ao longo de sete anos". Envelhecer significa crescer em conhecimento, mas também significa crescer em consciência de quão pouco

ONISCIENTE

nós realmente sabemos sobre o que se pode conhecer. Que são muitas coisas, aliás. A senhorita Maria-Chiquinha está na meia-idade agora, um estágio no qual eu esperava começar a sentir certa segurança resultante das experiências da vida e da educação que acumulei. Ao invés disso, eu me vejo com a crescente sensação de quão pouco aprendi e do quanto eu ainda não sei. Não apenas isso, ainda comecei a ter esquecimentos.

O DEUS QUE NÃO APRENDE

Quem é a pessoa mais inteligente que você conhece? Não o mais sabichão, mas o pensador mais habilidoso intelectualmente? No meu caso, é o meu avô. Um devoto homem de fé, ele foi um engenheiro nuclear antes que esse campo de conhecimento sequer existisse. Ele acumulou patentes e premiações merecidas ao logo de uma carreira que se estendeu bem até os seus oitenta anos. Ele morreu aos noventa e três anos, ainda com uma mente ativa. No seu funeral, aqueles de quem ele foi mentor o descreveram afetuosamente como alguém tão brilhante que, por certo, o pouco que tinha esquecido sobre ciência ao longo do tempo era mais do que eles poderiam aprender durante a vida toda. Entretanto, mesmo a pessoa mais inteligente que conheci oferece apenas uma pálida sombra do Deus a quem ele adorava.

Deus não é meramente cognoscível; ele é onisciente — ilimitado em seu conhecimento. Ele sabe todas as coisas, não porque ele as aprendeu, mas porque ele é a sua origem.

Incomparável

Deus não aprende. Aprender implica mudança, e, como já vimos, ele não muda. Aprender implica mover um limite de conhecimento, e seu conhecimento não tem limites. O ditado "você sempre aprende algo novo todos os dias" não se aplica a ele de forma alguma. Deus não aprendeu uma coisa sequer. Não sendo limitado pelo tempo, Deus sabe todas as coisas passadas, presentes e futuras, assim como todas as coisas existentes fora do tempo. E ele nunca se esquece, porque está plenamente presente em todos os lugares. Já consideramos com relação à sua incompreensibilidade, que ele tem perfeito conhecimento tanto de si mesmo quanto de nós. Mas isso é apenas o começo de tudo o que ele sabe. A. W. Tozer nos oferece uma tentativa lírica de capturar a profundidade do conhecimento de Deus:

> *Deus conhece, de forma instantânea e sem esforço, cada assunto e todos os assuntos, toda e cada mente, cada espírito e todos os espíritos, todo e cada ser, toda a criação e todas as criaturas, cada pluralidade e todas as pluralidades, toda e cada lei, todas as relações, todas as causas, todos os pensamentos, todos os mistérios, todos os enigmas, todo sentimento, todos os desejos, cada segredo guardado, todos os tronos e domínios, todas as personalidades, todas as coisas visíveis e invisíveis no céu e na terra, o movimento, o espaço, o tempo, a vida, a morte, o bem, o mal, o paraíso e o inferno.*

ONISCIENTE

Porque Deus conhece todas as coisas perfeitamente, ele não conhece uma coisa melhor do que outra, mas todas as coisas igualmente bem. Ele nada descobre. Ele nunca é surpreendido, nunca se espanta. Ele nunca se pergunta sobre coisa alguma nem busca informação ou faz perguntas (exceto quando sonda os homens para o próprio bem deles).[1]

Embora aprender seja algo completamente desconhecido para Deus, para o ser humano, é completamente fundamental. Isso começa mesmo antes de nascermos — o ventre de nossa mãe é nossa primeira sala de aula. É onde nossos cinco sentidos começam a processar estímulos[2]. Nós nunca paramos de aprender. A afirmação "você nunca é velho demais para aprender" foi verdade para o meu avô, e eu oro para que seja verdade na minha vida também. Do berço ao túmulo, aprender é essencial ao ser humano. Não apenas isso, é um direito humano. A Organização das Nações Unidas vê a educação como "um direito humano fundamental e essencial para o exercício de todos os outros direitos humanos"[3]. Quando queremos negar a alguém o pleno exercício de sua humanidade, impedir o aprendizado é frequentemente a

---

1 A. W. Tozer, *The Knowledge of the Holy: The Attributes of God, Their Meaning in the Christian Life* (New York: Harper & Row, 1961), XX.

2 Laura Flynn Mccarthy, *"What Babies Learn in the Womb: They're Doing and Thinking a Lot More Than We Used to Believe"*, Parenting.com, acessado em 21 de julho de 2015, http://www.newsmaster.be/flow/dw/ciel/2011/aout11/infooverloadbrief.pdf/.

3 *"The Right to Education"*, UNESCO.org, acessado em 24 de agosto de 2015, http://www.unesco.org/new/en/right2education.

Incomparável

medida que usamos. Mulheres, pobres e até mesmo etnias inteiras têm sido mantidos sem acesso à educação, a fim de serem controlados ou marginalizados. Ser humano é aprender. Negar o aprendizado humano é se colocar como Deus, ainda que uma versão malévola dele. Somente um Deus benevolente pode determinar os limites do entendimento humano em áreas que sejam certas e boas.

TESTANDO NOSSOS LIMITES DE APRENDIZADO

Deus deixou o universo aberto para nossa exploração. Nós somos livres para descobrir o que quisermos, de acordo com nossas habilidades intelectuais, nos tempos e lugares que ele ordenou para nós. Embora não seja claro se Deus colocou limites na quantidade de conhecimento que a raça humana pode explorar, ele certamente colocou limites na quantidade de conhecimento que cada ser humano pode consumir e usar. Esses limites estão se tornando cada vez mais evidentes àqueles de nós vivendo numa era de explosão de informações. Trinta anos depois de sua criação, estima-se que 39% da população mundial (2,7 bilhões de pessoas) usa a internet[4]. E a quantidade de informação é assustadora. A cada minuto, usuários de e-mail enviam 204 milhões de mensagens, usuários do site *Pinterest* salvam 3472 imagens, o Google recebe mais de 4 milhões de

---

4 Susan Gunelius, *"The Data Explosion in 2014 Minute by Minute — Infographic"*, ACI.info, 12 de julho de 2014, http://aci.info/2014/07/12/the-data-explosion-in-2014-minute-by-minute-infographic/.

ONISCIENTE

buscas e os usuários do *Facebook* compartilham 2,5 milhões de postagens[5].

Estamos testando os limites de nosso consumo de uma maneira que as gerações anteriores não testaram. A internet oferece um *self-service* a todos, desde aquele que está realmente fazendo uma pesquisa até quem está simplesmente entediado. E nós estamos entrando repetidamente na fila desse restaurante como se nossos cérebros tivessem espaço para (ou fossem usar) qualquer coisa com que os alimentarmos. Assim como todos os restaurantes *self-service*, embora sejam maravilhosos em sua acessibilidade e variedade, o consumo impensado pode levar a problemas de saúde. Há uma diferença entre o aprendizado saudável e a glutonaria de informações: um é sobre ser completamente humano, e o outro é sobre ansiar a ausência de limites.

Nosso desejo insaciável por informação é um claro sinal de que cobiçamos a onisciência divina. Queremos saber de todos os fatos, mas, como seres finitos, nós não fomos projetados para isso. E assim, não é de se surpreender que o consumo desmedido de informação nos leve, não a um aumento de nossa paz de espírito como esperávamos, mas a uma crescente dissonância. Psicólogos desenvolveram um termo para descrever o que acontece quando ignoramos os bons limites daquilo com que alimentamos o nosso cérebro: *sobrecarga de informação*. Estudos mostram que a sobrecarga de informação pode causar irritabilidade, raiva, letargia, apatia e insônia. Ela pode levar à pressão

---

5 *Ibid.*

Incomparável

alta, estresse cardiovascular, desordens alimentares, dores de cabeça, dores de estômago, dores musculares e problemas de visão. Ela afeta nossa cognição e, logo, nossa produtividade, diminuindo a nossa capacidade de atenção e concentração[6].

De maneira contraintuitiva, a sobrecarga de informação também diminui a nossa capacidade de tomar decisões. Embora coletar fatos nos auxilie na tomada de decisões, com tantos fatos conflitantes para considerar, nós travamos. Sofremos de "paralisia por análise", sempre temendo que outra informação invalide a nossa escolha atual. Incapazes de medir os, aparentemente, infinitos prós e contras de qualquer decisão, nós nunca decidimos. O resultado é a inação[7].

A sobrecarga de informações ainda tem outro efeito devastador: ela acaba com a empatia. Uma pesquisa conduzida pela Universidade do Sul da Califórnia revelou que a exposição rápida a manchetes, ou histórias de desastre, ou tragédia humana, pode adormecer nosso sentido de moralidade e produzir indiferença. De acordo com um sociólogo da USC, Manuel Castells: "Na cultura da mídia onde violência e sofrimento se tornam uma atração sem fim, seja na ficção ou no jornalismo, a indiferença à vista do sofrimento humano gradualmente se implanta".[8]

---

6 Joseph Ruff, "*Information Overload: Causes, Symptoms and Solutions*", *Learning Innovations Laboratories*, Harvard Graduate School of Education, dezembro de 2002, http://www.newsmaster.be/flow/dw/ciel/2011/aout11/infooverloadbrief.pdf .

7 Margarita Tartakovsky, "*Overcoming Information Overload*", Psych-Central.com, 21 janeiro de 2013, http://psychcentral.com/blog/archives/2013/01/21/overcoming-information-overload/ .

8 "*Scientists Warn of Twitter Dangers*", CNN.com, 14 de abril de 2009, http://www.cnn.com/2009/TECH/ptech/04/14/twitter.study/index.html?_s=PM:TECH .

ONISCIENTE

Que Deus nos ajude se os crentes desconsiderarem os bons limites para as nossas mentes. Que Deus nos ajude se a igreja sucumbir à inação e à indiferença diante do sofrimento humano. Devemos respeitar os bons limites determinados por Deus para a quantidade de informação que podemos processar e para a quantidade de tempo que se leva para processá-la de maneira que resulte em ação e empatia.

NÃO SE TRATA DE UM NOVO VÍCIO

Sem dúvidas, temos conhecimento mais prontamente disponível que as gerações anteriores (ele está, literalmente, nas pontas de nossos dedos), mas um desejo doentio por ele não é algo novo. Os humanos sempre acreditaram que mais conhecimento é a solução para a nossa dissonância. Observe, por exemplo, Adão e Eva, que buscaram o conhecimento que não deveriam ter. O autor de Eclesiastes, escrevendo três mil anos antes da internet e do *iPhone*, concluiu suas reflexões sobre a futilidade da vida humana com esta observação: "Demais, filho meu, atenta: não há limite para fazer livros, e o muito estudar é enfado da carne" (Ec 12.12). Nada há de novo debaixo do sol (1.9). Buscar reflexivamente por conhecimento ilimitado é tomar nosso lugar num quadro atemporal de conhecimento. Como toda pessoa antes de nós, pensamos que a árvore do conhecimento do bem e do mal deveria ser nossa, nutrindo a crença de que todo conhecimento deve nos pertencer, a suspeita de que Deus está escondendo algo de nós, o desejo de conhecer o que ele conhece, e a avidez de ser como ele é.

Incomparável

Embora sejamos lentas em reconhecer que o nosso desejo é uma ilusão, os marqueteiros satisfatoriamente declaram o óbvio. Alguns anos atrás, a campanha da Motorola colocava seu telefone como "onisciente, onividente". Mas talvez ainda mais objetiva, mesmo que mais sutil, seja a propaganda da Apple. Há um motivo por que todos os seus produtos (*iPod*, *iTunes*, *iMac*, *iPhone*) compartilham uma mesma letra minúscula. À primeira vista, supomos que a letra *i* represente "informação", mas, é claro, ela não representa coisa alguma. Informação não é o principal foco dos produtos Apple. O principal foco deles é o "eu"[9]. Em resposta à magnífica pergunta retórica de Moisés: "Ó SENHOR, quem é como tu entre os deuses?" (Êx 15.11), a Apple, com satisfação, prontamente respondeu da mesma forma que toda a humanidade desde o Éden: "iAm" ["euSou"].

Para ficar claro, os marqueteiros não são o problema. Tampouco o são as tecnologias que eles vendem, nem a troca de informação que eles proporcionam. Quem é o problema? "*eu*Sou". Eu e meu desejo por ausência de limites. Se ao menos pudéssemos discernir nossas motivações tão claramente quanto a Apple e Eclesiastes fazem. Mas o *self-service* de informações nos chama, atraindo-nos para um banquete perpétuo de fatos e pormenores cuja extensão se aproxima ao infinito. Deslumbradas, não temos a presença de espírito para deixar de lado nossos dispositivos e nos perguntar: "Esta coisa na minha mão direita não é uma mentira?" (Is 44.20, NVI).

---

9 N do T: Aqui a autora faz um jogo com a palavra "eu", que em inglês se escreve "I".

ONISCIENTE

Nós acreditamos na mentira. Nós acreditamos que se tivermos acesso à informação ilimitada, teremos mais paz de espírito. Mas a nossa glutonaria por informação tem feito algo para aliviar as nossas ansiedades, ou ela tem apenas aumentado as nossas incertezas? Conhecer instantaneamente as melhores rotas, quem estrelou em determinado filme, onde fica o *Starbucks*[10] mais próximo ou a temperatura média de Zurique nos dá uma sensação de maior controle... por um determinado tempo. Mas retire nossa conexão, e descobriremos que nossas ansiedades nos espreitam bem de perto.

NÃO É DA NOSSA CONTA

A ligação entre ansiedade e falta de conhecimento também se manifesta em nosso desejo de conhecer o futuro. Como uma leitora impaciente que pula para a última página de um livro de suspense para aliviar a tensão, nós queremos uma dica do que virá a seguir. Não é de se admirar que a prática de adivinhação possa ser encontrada desde os dias mais antigos da história humana, e ela perdura até hoje. Para o descrente, trata-se de horóscopos, leitura de mãos e cartas de tarô. E para o crente, é quase a mesma coisa, envolta em armadilhas religiosas: pedir a Deus por um sinal extrabíblico, reivindicar uma promessa bíblica fora do seu contexto, ou dar significado a sonhos ou a "palavras proféticas". A Bíblia narra ocasiões em que Deus concedeu conhecimento do futuro a certas pessoas para um propósito específico, mas esses exemplos não podem

---

10 N do T: Rede de lanchonete famosa por sua variedade de cafés.

Incomparável

ser tomados como normativos. Dizemos a nós mesmas que, se conhecêssemos o futuro, usaríamos esse conhecimento para o bem, mas qual é a probabilidade disso? É muito mais provável que nós usaríamos tal conhecimento para acumular brasas de nossa autoconfiança e para fomentar nossos próprios interesses. Queremos dizer que o conhecimento do amanhã removeria nossas ansiedades, mas isso supõe que o amanhã será azul ou, conhecendo o que ele nos reserva, que o enfrentaríamos melhor. O que quer que o amanhã nos reserve, podemos estar certas de que o seu conteúdo irá produzir tanto respostas quanto perguntas. Nós podemos confiar que Deus gerencia o futuro sem a nossa ajuda. Não é da nossa conta.

Entretanto, o futuro não é o único lugar em que buscamos conhecimento que não deve ser gerenciado por nós. Frequentemente exibimos um interesse doentio pelos assuntos dos outros. A Bíblia chama isso de "intromissão". É significativo que Pedro coloque a intromissão numa lista de pecados que inclui homicídio e roubo (1Pe 4.15). Trata-se de uma forma de violação de outra pessoa criada à imagem de Deus. Intrometidos creem que têm o direito de saber sobre a situação dos outros. Embora, sem dúvida, defendam firmemente seu próprio direito à privacidade, eles não estendem a mesma graça aos outros. Se a informação está acessível, eles veem isso como um jogo limpo. Eles são consumidores do jornalismo sensacionalista, aqueles que sussurram fofocas, os curadores dos detalhes secretos da vida alheia. Eles são a razão por que temos senhas em nossos telefones e computadores. A intromissão pode ser

ONISCIENTE

difícil de se discernir, porque ela frequentemente se traveste de preocupação amorosa. Como mãe, senti o desejo de intromissão aumentar à medida que meus filhos cresciam. Quanto mais próximos eles ficavam da vida adulta, tanto menos eu poderia (ou deveria) estar envolvida em suas conversas e assuntos privados. Mas tem sido um desafio sair de uma posição em que se conhecia todos os seus movimentos e palavras para uma posição apropriada à idade de desconhecimento. Sim, eu leria cada mensagem e e-mail em seus telefones. Sim, eu espionaria todos os seus relacionamentos *online* e monitoraria todos os seus movimentos usando um GPS. Há momentos e circunstâncias em que essas medidas podem ser meios de proteção e bênção, mas, conforme meus filhos amadurecem, eu devo crescentemente deixá-los ao cuidado de Deus, confiando naquele que é onisciente para guardá-los. Todas nós temos relacionamentos em que nos sentimos compelidas a monitorar — um cônjuge, uma amiga inclinada a entrar em crise, até mesmo alguém que admiramos ou invejamos. Porém, quando nos intrometemos, multiplicamos os seus problemas e os nossos.

ABRA MÃO E CONFIE

Ao invés de lançar todas as suas ansiedades sobre a internet, que não se importa com pessoa alguma, lance-as sobre Deus, pois ele cuida de você (1Pe 5.7). Ao invés de ficar obcecada com o futuro, aprenda o contentamento na inocência, ordenada por Deus, sobre o que virá. Ao invés de se intrometer, foque nos seus próprios negócios. Precisamos deixar que Deus seja aquele

Incomparável

que gerencia todo o conhecimento. Somente ele é capaz disso, e somente ele é confiável para realizar tal tarefa com perfeita sabedoria. E precisamos olhar para o conhecimento de quem Deus é para remover nossas ansiedades. Isso significará menos tempo correndo atrás de curiosidades na internet e mais tempo cavando em busca de tesouros nas Escrituras. Isso significará deixar o conhecimento sobre o futuro nas mãos do Deus, que já está lá. Isso significará cuidar daquilo que é da nossa própria conta ao invés de nos intrometer. Nosso consolo está, não em ter todo o conhecimento, mas em confiar naquele que o tem.

Quando você confia em Deus como onisciente, você reconhece quatro belas verdades e se tranquiliza nelas:

1. *Você não pode ser mais esperta do que Deus*. Você não pode ensiná-lo qualquer tipo de lição. Ele tem todos os fatos. Você não pode prevalecer sobre sua lógica ou elaborar uma alternativa ou plano melhor. Mas você não precisa fazer tais coisas. Visto que ele conhece todos os resultados possíveis e todas as consequências, os jeitos dele são os melhores. Eles são confiáveis e seguros. "O caminho de Deus é perfeito; a palavra do SENHOR é provada; ele é escudo para todos os que nele se refugiam" (Sl 18.30).

2. *Você não pode barganhar com Deus*. Visto que ele sabe exatamente como você agirá em cada situação, você não pode convencê-lo a agir de certa forma, propondo-lhe a oferta de uma obediência ou recom-

pensa condicionais. Qualquer argumento que você apresentar não pode representar para ele novidade alguma. E, como já vimos, você nada tem de que ele precise — ele não precisa da sua obediência e ele já possui o que você tem. Tampouco você precisa barganhar com Deus. Ele já se comprometeu a fazer e a permitir apenas o que for melhor para você. Ele selou essa aliança com o sangue de Cristo, derramado em seu favor. "Porque eu estou bem certo de que nem a morte, nem a vida, nem os anjos, nem os principados, nem as coisas do presente, nem do porvir, nem os poderes, nem a altura, nem a profundidade, nem qualquer outra criatura poderá separar-nos do amor de Deus, que está em Cristo Jesus, nosso Senhor" (Rm 8.38-39).

3. *Você não pode enganar Deus*. Toda encenação, desde a menor postura até o maior fingimento, é óbvia para ele. Para Deus, somos todas péssimas atrizes. Ninguém está à altura de um Oscar. Nós somos completamente transparentes em toda tentativa de nos apresentar como algo que não somos. Sendo ou não apropriado para nós agirmos como vitoriosas conquistadoras ou vítimas covardes, Deus conhece nossa medida real. Porém, você também não precisa enganar Deus. Ele a aceita como você é, removidas todas as tentativas de dissimulação. A cruz, efetivamente, remove a necessidade de enfatizarmos nossos pontos fortes sobre nossas fraquezas.

Incomparável

"Senhor, tu me sondas e me conheces. Sabes quando me sento e quando me levanto; de longe percebes os meus pensamentos. Sabes muito bem quando trabalho e quando descanso; todos os meus caminhos são bem conhecidos por ti" (Sl 139.1-3, NVI).

4. *Você não pode esperar que Deus esqueça.* Nem deveria querer que ele esquecesse. Se Deus tem todo o conhecimento, é certo que ele é incapaz de esquecer. Nós frequente e equivocadamente acreditamos que precisamos de um Deus esquecido no que concerne ao registro de nossos pecados. Aprender que Deus não esquece pode nos alarmar. Se ele não esquece nosso pecado, como pode ele nos perdoar por completo? Porém, você não precisa que Deus esqueça. Você precisa que ele seja um Deus que nunca se esquece de coisa alguma. A Bíblia promete que Deus "não se lembra de nossos pecados", o que é um modo figurativo de dizer que ele não os utiliza contra nós. A inabilidade de Deus de se esquecer é para o nosso bem. Ela significa que podemos confiar na sua aliança. Ele nunca se esquecerá de suas promessas. Ele nunca se esquecerá de nós. "Acaso, pode uma mulher esquecer-se do filho que ainda mama, de sorte que não se compadeça do filho do seu ventre? Mas ainda que esta viesse a se esquecer dele, eu, todavia, não me esquecerei de ti. Eis que nas palmas das minhas mãos te gravei; os teus muros estão continuamente perante mim" (Is 49.15-16).

ONISCIENTE

DERRUBANDO O MITO DA ONISCIÊNCIA HUMANA

Visto que Deus tem todo o conhecimento, não precisamos tê-lo. Nossas vidas são repletas de perguntas aguardando por respostas, mas não é assim com o nosso Deus onisciente. Ele não sofre de ansiedade com o "não saber" que persegue o homem. Ele não tem motivos para se preocupar, pois tudo é certo para ele. Nós vivemos na escuridão de um conhecimento parcial e incompleto, mas para ele a escuridão é como a luz. Nenhum fato se esconde de seus olhos nem se enterra nas sombras do tempo. Nós estamos livres para passar os nossos anos aprendendo de maneiras saudáveis, procurando expandir humildemente o nosso entendimento, de tal forma que sejamos transformadas, não em sabichonas, mas em servas.

Quando você for analisar o *self-service* da informação, pergunte a si mesma: o tempo e a atenção que investirei nisso me fará mais parecida com Cristo? Isso me tornará mais apta para servir a Deus e os outros? Estou alimentando meu intelecto de uma forma que me capacite a amar o Senhor, meu Deus, com toda a minha mente, ou de uma forma que cause sobrecarga de informação? O que estou aprendendo me leva a adorar a mim mesma ou a admirar as "maravilhas daquele que é perfeito em conhecimento" (Jó 37.16)?

Quando você se deparar com a incerteza, e a resposta para toda pergunta incômoda for um exasperado "só Deus sabe", deixe de lado a exasperação e tenha segurança. *Deus sabe.*

Incomparável

Próximo ao final do livro de Salmos, com apenas três versículos, está o Salmo 131. Nessa canção, Davi apresenta o retrato de um coração que descansa em Deus, livre da ansiedade da ausência de conhecimento humano.

SENHOR, não é soberbo o meu coração,
nem altivo o meu olhar;
não ando à procura de grandes coisas,
nem de coisas maravilhosas demais para mim.
Pelo contrário, fiz calar e sossegar a minha alma;
como a criança desmamada se aquieta nos braços de sua
mãe,
como essa criança é a minha alma para comigo.
Espera, ó Israel, no SENHOR, desde agora e para
sempre.

Quão diferentes meus dias seriam se eu desse as costas para a infinita fila do *self-service* de informações e, ao invés disso, repetisse para mim mesma: "não ando à procura de grandes coisas, nem de coisas maravilhosas demais para mim [...]. Espera [...] no SENHOR". Quão diferente seria a minha habilidade de aprender o que importa se eu me acalmasse e aquietasse a minha alma, ao invés de submetê-la a uma cacofonia de artigos que são "leitura obrigatória" e vídeos que prometem mudar minha vida em 4:39 minutos. Quão diferente seria a minha habilidade de perceber Deus se eu trocasse acumulação mental, adivinhações e intromissão por uma mente bem organizada e

ONISCIENTE

desobstruída. A nós nos foi dada uma medida de capacidade mental, e nada mais. Aqueles que temem ao Senhor honrarão os limites que ele pôs em suas mentes, confiando aquilo que eles não conhecem, nem podem ou devem conhecer, àquele que conhece perfeitamente. "As coisas encobertas pertencem ao SENHOR, nosso Deus, porém as reveladas nos pertencem, a nós e a nossos filhos, para sempre, para que cumpramos todas as palavras desta lei" (Dt 29.29).

Desprendidas do mito da onisciência humana, nós nos vemos livres para tomar conta do que é nosso. O trabalho de cada crente é se esforçar para entender o que Deus tem revelado. O que ele revelou é suficiente para a salvação, necessário para a santidade e extremamente digno de meditação. É verdadeiro, nobre, reto, puro, amável, admirável, excelente e digno de louvor. Torna-se o filtro através do qual aprendemos a escolher, sabiamente, que tipo de conhecimento adicional é bom para as nossas almas. E ao escolhê-lo bem, empregamos nossas mentes em amar a Deus da forma como elas deveriam.

Pense nessas coisas.

Incomparável

VERSÍCULOS PARA MEDITAÇÃO

Jó 37.16

Sl 94.9-11

Sl 139.1-4

Is 40.27-28

PERGUNTAS PARA REFLEXÃO

1. Que tipo de conhecimento você mais anseia? Como você pode discernir se sua avidez por ele é sadia ou não?
2. De que forma ter informação na ponta dos seus dedos é uma bênção? Como poderíamos fazer melhor uso dela para glorificar a Deus e fazer sua vontade na terra?
3. Quais limites você precisa estabelecer em relação ao consumo de informação? Em que área você é mais imprudente em seus padrões de consumo?
4. Como a onisciência de Deus a consola pessoalmente? Como ela aumenta sua admiração pela graça divina?

ORAÇÃO

Escreva uma oração ao Senhor confessando seu desejo de saber mais que o necessário. Peça a ele que a ajude a cultivar uma mente bem organizada, que conhece seus limites e confia o desconhecido a ele. Agradeça-lhe pela certeza de que ele conhece tudo sobre você e a ama incondicionalmente. Louve-o por que ele conhece todas as coisas com perfeição.

9

Onipotente

O DEUS DE INFINITO PODER

*Altíssimo, onipotente, bom Senhor,
a ti sejam dados o louvor incessante
e o bendizer sem medida.
— São Francisco de Assis*

Eu tenho uma fobia positiva de tornados. Quando ouço as sirenes soarem, mesmo se eu souber que é meio-dia, que o céu está azul e que pode ser apenas um treinamento, meus joelhos fraquejam, meus olhos perdem o foco, e eu corro para o cômodo interno mais próximo. Algumas primaveras tempestuosas atrás, as sirenes soaram quando eu estava no trabalho. Eu trabalho em nossa igreja, que é um antigo supermercado. Meu escritório fica no segundo andar e não se assemelha, de maneira alguma, a um cômodo seguro. Com o rosto pálido e segurando minha bolsa, saí correndo para o banheiro do primeiro

Incomparável

andar, quando colidi com uma colega de trabalho caminhando calmamente na direção oposta.

"Talvez nós estejamos prestes a nos encontrar com Jesus!", disse ela com tranquilidade.

Honestamente. Às vezes, trabalhar em uma igreja é demais para mim. Meus bons modos me escaparam.

"Vá você se encontrar com ele", eu gritei, "estarei no banheiro feminino, presa ao encanamento com a alça da minha bolsa".

Porque o encanamento será a única coisa a ficar intacta. Eu sei disso. Ainda me lembro daquele supermercado *United Grocery* na rodovia *Jacksboro* como se fosse ontem — uma laje com alguns canos apontando para cima no local onde ficavam os banheiros. A manhã de terça-feira, 10 de abril de 1979, iniciou-se como qualquer outra manhã em minha cidade natal de Wichita Falls, estado do Texas, nos Estados Unidos. Ao meio-dia, os céus escureceram, e nossa atenção estava fixa na pequena televisão que transmitia na tela uma lista familiar de condados da parte norte do Textas: Foard, Hardeman, Wilbarger... Wichita. De oeste a leste. Protejam-se. No fim do dia, treze tornados diferentes haviam tocado nossa área, e uma nuvem em formato de funil, com dois quilômetros e meio de largura, destruiria a minha cidade natal, nivelando um espaço de treze quilômetros de comprimento.

Eu estava a quatro quarteirões da destruição; distante o suficiente para ser poupada, porém, perto o suficiente para ouvir o ensurdecedor trem de carga, que não era um trem de carga,

ONIPOTENTE

e ver manchas circulares de detritos, que na verdade não eram manchas. Nos dias seguintes, nós lamentamos os mortos e nos maravilhamos com os que estavam vivos. Tomamos vacina contra tétano da Cruz Vermelha e ajudamos nossos amigos a procurarem, em meio ao caos, por seus álbuns de fotografias e animais de estimação. Ponderamos sobre o que mais importava naquele momento e o quão pouco compreendíamos sobre os porquês, os atingidos e os locais da tragédia. Aprendemos sobre poder e impotência.

APENAS A BORDA

Por isso, não é de se surpreender que eu fique nervosa durante a passagem de um tornado. E não é de se admirar que eu sempre tenha gostado da história, nos evangelhos, em que Jesus desperta de um cochilo durante uma tempestade e diz à natureza que se acalme. Revelando momentaneamente sua natureza divina, ele fala e traz ordem ao caos. Seus discípulos, chocados, maravilharam-se: "Quem é este que até os ventos e mar lhe obedecem?" (Mt 8.27).

O tipo de homem que é completamente Deus. Possuidor de infinito poder. Onipotente. O mesmo que proferiu ordem em meio ao caos na fundação do mundo.

É difícil para nós formamos um entendimento do que envolve um poder infinito. Jó, assaltado pela tragédia, maravilha-se com a assustadora força de Deus manifestada na natureza, e conclui que ela mostra apenas os traços mais evidentes do poder divino:

Incomparável

E isso tudo é apenas a borda de suas obras! Um suave sussurro é o que ouvimos dele. Mas quem poderá compreender o trovão do seu poder? (Jó 26.14, NVI).

De fato, quem poderá?

Em Apocalipse 19.6, a multidão nas bodas do Cordeiro exalta a Deus como onipotente: "Aleluia! Pois reina o Senhor, nosso Deus, o Todo-poderoso". Deus não é apenas possuidor de grande poder, ele é todo-poderoso, ilimitado em poder, infinitamente poderoso. Porque sabemos que ele cria e sustenta todas as coisas, todo o poder pertence a ele. Porque sabemos que Deus não está sujeito a mudanças, entendemos que seu poder nunca pode aumentar nem diminuir. Se é verdade que "conhecimento é poder", quão poderoso é aquele que tem todo o conhecimento? Porque Deus não está restrito a uma localidade ou a um momento, seu poder é capaz de ser exercido em qualquer lugar e em qualquer tempo.

Ainda que nem sempre o percebamos, o poder de Deus está sempre ativo e absolutamente inabalável. Diferentemente de nós, ele não precisa de um descanso para recuperar suas energias. Ele não precisa dormir nem precisa de qualquer tipo de descanso, porque ele "nem se cansa, nem se fadiga" (Is 40.28). Ele nunca precisou, nem tirou um cochilo numa tarde de domingo, nem caiu no sono no meio da leitura de uma frase de seu livro favorito. Os seis dias da criação não consumiram nem uma gota de seu poder, e, ainda assim, em sua compaixão, ele estabeleceu um modelo de descanso no sétimo dia simplesmente para o bem de suas criaturas limitadas em poder.

PAI FORTE

Em nossa casa, nossos filhos logo aprenderam que era melhor contar suas emergências noturnas ao papai do que à mamãe. Eu tenho a tendência de não conseguir despertar ou então cair da cama de sobressalto, com olhos arregalados e completamente incoerente. Por isso, barrigas famintas ou pesadelos eram, usualmente, levados ao lado da cama em que Jeff fica, onde era mais provável obter razoável ajuda. Mas, mesmo o excelente pai de meus filhos precisa de sono. Ele ainda precisava ser despertado. Nosso Pai celestial, por outro lado, nunca precisa ser despertado de uma soneca. Seus olhos nunca se fecham de sono. Seus pensamentos nunca divagam em fadiga. Seus braços nunca ficam cansados para apoiar e proteger. Nosso Pai celestial é forte, e assim o é perpetuamente.

A famosa provocação infantil "meu pai pode vencer o seu" revela nossa consciência interior de que ter um pai forte é algo invejável. Nós temos exatamente esse Pai. Não apenas isso, mas o desejo intenso que um pai terreno tem de proteger um filho pequeno em sua fraqueza é apenas um pequeno eco do desejo de nosso Pai celestial de nos proteger em nossa fraqueza. Os fortes protegem os fracos, e bem-aventurados são aqueles que entendem em que categoria eles se encaixam. Deus confia a cada um de nós um montante limitado de força, assim como ele nos confia outros dons. Nós podemos usar essa força para o bem ou para o mal. Aqueles que a usam para o bem, empregam-na para vencer o pecado pessoal e proteger o fraco. A história traz alguns registros daqueles que usaram o poder para o mal.

Incomparável

Talvez o homem forte mais conhecido da Bíblia seja Sansão, cuja história é contada em Juízes 13-16. Separado desde o nascimento para ser um libertador de Israel, Sansão deveria usar sua força, divinamente concedida, para guerrear contra os inimigos de Israel, os filisteus. Ao invés disso, ele a usou para ganhar o favor deles, os pertences e várias mulheres deles. E ele a usou para o seu próprio objetivo de vingança. Em resumo, Sansão usou sua força dada por Deus para *imitar* os filisteus ao invés de *derrotá-los*. Ele acreditava que sua força era o resultado de sua obediência em não cortar seu cabelo. Mas ele estava errado. Isso era, pura e simplesmente, um dom gracioso de Deus. Sansão termina a vida cego e sozinho, bebendo do cálice da impotência. Num feito final, ele usa sua força restaurada para destruir um templo repleto de filisteus que o haviam capturado. A narrativa registra, com arrepiante finalidade, que Sansão matou mais filisteus em sua morte do que em sua vida. Em outras palavras, o poderoso Sansão foi mais eficiente para Deus em sua morte do que em vida.

Como Sansão, quando vemos uma determinada força como o produto de nossa obediência a Deus, nós acabamos usando essa força para servir a nós mesmas ao invés de servir a Deus e os outros. Toda força, seja física, emocional ou intelectual, pode ser usada tanto para servir como para se autopromover. Um discurso persuasivo pode ser usado para motivar ou manipular. Músculos podem ser usados para proteger ou para brutalizar. A genialidade pode ser usada para o bem comum ou para o controle. Qualquer poder que tivermos, temos a escolha

ONIPOTENTE

de usá-lo para o benefício de outros ou de abusar desse poder para o ganho egoísta. O poder faz com que nos sintamos bem. Nós nos vemos como mordomos do poder confiado a nós ou como detentoras dele? Nós iremos dispersar nosso poder para honrar a Deus ou iremos acumulá-lo e ampliá-lo a fim de imitar a onipotência.

Uma discussão sobre como os humanos imitam a onipotência pode ser difícil de ser resumida. Desde a queda, cada um de nós é um agente de poder, buscando formas de usar e ampliar o poder para os nossos próprios fins. Por causa do curto espaço, vamos considerar quatro fontes mais comuns de poder que buscamos e as implicações de usá-las, seja para glorificar a si mesma ou para glorificar a Deus. Para identificar essas quatro fontes de poder, não precisamos ir muito longe, basta olharmos para as capas de algumas revistas na fila do caixa do supermercado. Como se vê em seu registro fiel, nossa cultura concede poder ao forte, ao bonito, ao rico e ao carismático.

REVISTA *SPORTS ILLUSTRATED*[1]: A FORÇA FÍSICA COMO PODER

Nós derramamos glória sobre os fisicamente fortes entre nós. Eles usam aneis do *Super Bowl*[2], exibem medalhas olímpicas, endossam bebidas energéticas. Nós pagamos caro para assistirmos a eles exibindo seu poder. Mas nós, frequentemente, passamos dos limites, entrando na idolatria da força

---

1 N do T: Revista estadunidense especializada em esportes.
2 N do T: Campeonato de futebol americano.

Incomparável

física; idolatria essa que filtra as massas em formas mais simples. Vemos isso na maneira como glorificamos a boa forma, mas vemos mais claramente no modo como marginalizamos aqueles que não possuem força física: os velhos, os deficientes, os que ainda estão sendo gerados. Vemos essa idolatria na forma como a violência doméstica e os crimes violentos têm como alvo predominante mulheres e crianças. A força física que louva o eu se degrada em intimidação e brutalidade. Por contraste, quando usamos nossa força física para glorificar a Deus ao invés do eu, nós protegemos os fracos em nosso meio com cada porção de energia que pudermos empregar.

Mulheres, em particular, têm uma vantagem única e importante em relação ao poder físico. Nossa biologia, feita por Deus, dita que somos relativamente fracas se comparadas aos homens. Isso é especialmente verdade quando estamos grávidas. Uma gestante experimenta um período de fraqueza imposto biologicamente e, uma vez que seu filho nasce, é restaurada à força. Saúde perfeita assumida, as mulheres vivem no meio-termo biológico entre os mais fortes (homens) e os mais fracos (crianças). Nós nos sentimos compelidas a nutrir e a proteger o mais fraco porque entendemos que o dom e a responsabilidade da força física não podem passar desapercebidos. Mas todos nós, homens e mulheres, a despeito de quanto peso podemos levantar ou quão longe podemos correr, somos chamados a amar a Deus com toda a nossa força física. Todos os crentes são encarregados de buscar a verdadeira religião de visitar os órfãos e as viúvas em suas aflições, palavras de Tiago que podem ser facilmente parafraseadas como cuidar do fraco e vulnerável (Tg 1.27).

REVISTA *GLAMOUR*[3]: A BELEZA COMO PODER

Nossa cultura (e, sem dúvida, todas as culturas) dá poder aos bonitos. Há um episódio do seriado americano *Seinfeld*, em que o protagonista Jerry namora uma mulher bonita e loira chamada Nikki e usa a beleza da moça para ganhar um tratamento diferenciado onde quer que ele a levasse. Em um certo ponto, ele intencionalmente testa os limites do que ela pode obter, ultrapassando o limite de velocidade e se gabando disso ao policial que o para, confiante de que Nikki será capaz de evitar a multa. Ela consegue, é claro. Nós rimos desse quadro, porque sabemos que é verdade. Os bonitos entre nós vivem uma existência encantadora, onde o poder não é ganho nem coagido, ele é simplesmente concedido. Reconhecendo isso, estamos dispostas a gastar milhares de dólares e horas para alcançar ou manter a beleza física. A indústria da beleza nos impõe a tentadora mentira de que se nós corrigirmos o exterior, corrigiremos o interior. Produtos e serviços prometem que nos sentiremos melhores se formos mais bonitas, o que não é uma completa mentira. Mas, para os crentes, o modo como nós nos sentimos e a nossa aparência não estão no topo da lista dos fatores que nos ajudam a servir a Deus e os outros como devemos.

---

3 N do T: Revista que trabalha com o público-alvo feminino e trata, dentre outras coisas, de moda e mulheres que se destacam em alguma realização, como em suas carreiras.

Incomparável

A beleza exterior confere privilégio a quem a tem, e essa é a razão por que o envelhecer é algo tão difícil de ser enfrentado para a pessoa bonita — é a renúncia obrigatória ao poder. Não importa a quantas cirurgias plásticas você se submeta, você não vai estrelar a capa de *Vanity Fair*[4] aos oitenta e cinco anos de idade. Ao contrário do que a indústria da beleza diz, a verdadeira beleza começa com uma mudança interna, e não externa. Nós nos contentaremos em cultivar o tipo de beleza que não pode resistir ao passar do tempo? Ou iremos cultivar o tipo de beleza que aponta para propósitos eternos: a inalterável beleza de um espírito manso e tranquilo? A verdadeira beleza tem poder permanente. Ela não acaba em sua proprietária, mas aponta outros em direção à sua origem.

Nossa primeira impressão da beleza física de uma pessoa é sempre equilibrada quando a conhecemos melhor. Algumas pessoas se tornam mais bonitas à medida que as conhecemos, mas outras, nem mesmo a estrutura óssea perfeita pode compensar a exposição de um caráter corrompido. A quantidade de esforço que empregamos pela beleza exterior ao invés de empregá-la pela interior revela onde nosso tesouro realmente está. Além disso, a maneira como tratamos os outros também transmite uma mensagem. Embora a cultura conceda privilégios aos fisicamente bonitos, a igreja é encarregada de demonstrar um tratamento diferenciado a todos

---

4 N do T: que trabalha com o público-alvo feminino e trata, dentre outras coisas, de moda e cultura.

ONIPOTENTE

em nossa esfera de influência. Somos chamados a observar e cuidar não apenas dos medianos, mas também daqueles cuja aparência física faz com que outros se afastem: os pobres, os aleijados, os coxos, os cegos. A beleza interior tem olhos para ver os menores entre nós, e vê-los como bonitos quando outros não os consideram assim.

REVISTA *FORBES*: A RIQUEZA COMO PODER

Nós admiramos e invejamos as pessoas ricas. Nada cria mais oportunidades do que o dinheiro. Talvez não sejamos um Donald Trump ou um Bill Gates, mas todas nós já experimentamos o poder que o dinheiro oferece, seja porque nós o temos ou porque não o temos. A riqueza dá acesso a melhores assentos numa partida de hockey, uma melhor mesa no restaurante, uma melhor alimentação, um melhor cuidado médico, uma melhor educação e melhores roupas. A riqueza estratifica a sociedade. Qualquer que tenha conseguido subir na escada econômica pode, mesmo que de forma tímida, se identificar com o frequentemente repetido sentimento da escritora Beatrice Kauffman: "Fui rica e fui pobre. Ser rica é melhor".[5] Há mais verdade nessa fala do que estamos dispostas a admitir.

Ser pobre é não ter poder. Nós sabemos disso intuitivamente. Mas na cultura do sonho americano de histórias de sucesso financeiro "construído sozinho", nós rapidamente passamos a enxergar a nossa própria riqueza como nossa posse de direito, juntamente com o poder que ela concede, a ser desfrutada e

---

5 Citado em The Washington Post, 12 de maio de 1937.

Incomparável

empregada unicamente por nós e para nós. Porque não somos o Bill Gates, não sentimos a pesada obrigação de compartilhar a riqueza que temos — deixe isso para os multimilionários, nós temos contas para pagar. É precisamente por que a riqueza confere poder que a Bíblia emprega várias passagens para nos dar o entendimento correto sobre como ela deve ser vista e aplicada. A Bíblia contém vários avisos contra a ganância, a arrogância e a autossuficiência que acompanham a riqueza, assim como muitas admoestações para usarmos a nossa riqueza no cuidado com os pobres ao nosso redor.

A despeito de quanto dinheiro lhe foi dado para administrar, para o cristão, a questão deve sempre ser: "Sou eu quem controla o dinheiro ou é o dinheiro que me controla?". Um crente que é incapaz de dar liberalmente àqueles em necessidade revela que perdeu o controle de seu papel como administrador da riqueza que lhe foi confiada. Aqueles de nós a quem foi dado mais do que o pão diário devem voltar os olhos àqueles de nós que ainda esperam receber o seu. Nós empregamos o poder de nossas finanças para elevar a condição dos financeiramente impotentes. Nós o fazemos alegremente, sabendo que nada temos que não tenha sido recebido do nosso Pai celestial.

REVISTA *PEOPLE*: O CARISMA COMO PODER

Nós também concedemos poder àqueles que têm personalidades carismáticas. Dotados de discurso persuasivo, humor ou habilidade de divulgar uma visão, eles nos atraem com seus talentos em comunicação. Eles sabem como lidar com uma

ONIPOTENTE

multidão ou como escrever um livro. Eles formam redes de relacionamentos que são usadas para fomentar suas causas. Eles podem ser aqueles que buscam glória política ou aqueles que buscam os púlpitos. Eles são *CEOs* e treinadores da Liga Nacional de Futebol *(NFL)*, atores de cinema, gurus de autoajuda, apresentadores de programas de entrevistas e âncoras de telejornais. Eles descobriram a atraente verdade de que ideias e palavras têm poder tanto para destruir como para criar. Porém, eles não estão apenas em capas de revistas. Na vida cotidiana, essas pessoas se destacam no grupo de mães, na associação de pais e professores, nos jantares comemorativos, ou em qualquer outro grupo ao qual eles dão a graça de sua presença.

Se você tem o dom de uma personalidade magnética, você sabe quão facilmente pode mudar da motivação para a manipulação. A pessoa carismática pode amar tanto o som de sua própria voz que acaba passando dos limites entre comunicar uma verdade à multidão e controlá-la, colocando-se como o sol no centro de um sistema solar cheio de seguidores que a admiram. A maioria de nós não tem o carisma de um candidato a presidente ou de um evangelista da TV, mas todos nós experimentamos o poder da personalidade em alguma medida. Crentes que são extremamente amigáveis e proficientes com palavras enfrentam o desafio de atrair os outros a si mesmos ao invés de atrai-los para Cristo. O resto de nós tem que se guardar de seguir o culto à personalidade. Querer ficar no entorno de alguém que percebemos como influente indica um desejo de poder colateral.

Incomparável

Mas devemos fazer mais do que, simplesmente, sermos cautelosos quanto à adoração daqueles com voz cativante. Devemos também nos lembrar de ouvir e dar voz às necessidades dos sem voz, tanto quanto pudermos. Por quem devemos falar? Como poderíamos mobilizar outros em seu favor? Use seu dom de comunicação e de cativar para derramar luz sobre a situação ou a causa deles. Em quais questões de direitos humanos você poderia usar sua voz ou sua influência? Quais direitos dos animais ou quais questões ambientais você poderia defender como mordomo da criação? Nossas palavras têm o poder da vida e da morte (Pv 18.21). Quem reconhecer esse poder delegado irá utilizá-lo de maneira que gere vida aos que não têm voz.

JESUS E O PODER

Força física, beleza, riqueza e carisma — essas são apenas algumas das mais óbvias fontes de poder que buscamos. Suspeitamos que aqueles que as possuem são recebedores do favor divino, e que aqueles que não as possuem são objetos da desaprovação divina. Deveria ser relevante para nós que, durante seu ministério terreno, Jesus não tenha impressionado nem subjugado pessoa alguma com sua força física. Nenhuma outra descrição de sua aparência é encontrada nas Escrituras, além desta: "não tinha aparência nem formosura; olhamo-lo, mas nenhuma beleza havia que nos agradasse" (Is 53.2). Ele não possuía riquezas nem usou dinheiro para obter privilégios. E, embora seu ministério

ONIPOTENTE

e sua mensagem tenham convencido muitas pessoas, ele escolheu o silêncio em vez do discurso persuasivo quando enfrentou seus acusadores.

Jesus foi rejeitado pelos judeus em grande parte porque não usou seu poder da maneira como eles esperavam. Ou como eles gostariam. Ao invés disso, sabendo que todo o poder pertencia ao seu Pai, ele caminhou em humildade entre nós, demonstrando o poder divino apenas quando ele servia ao propósito maior de seu ministério, deixando-nos um exemplo de como esse poder é melhor compreendido através do filtro da fraqueza humana. Jesus demonstrou perfeita confiança na força de seu Pai.

E, ainda assim, aqueles milagres. Como deve ter sido ver Jesus acalmar a tempestade? Oramos pedindo para que possamos ver milagres como aquele. Dizemos a nós mesmas: "se eu pudesse testemunhar um milagre como aquele, seria capaz de descansar em confiança, sem qualquer dúvida. Se eu pudesse ver o poder de Deus acalmando a tempestade ou ressuscitando Lázaro, a fé seria algo simples". Nós cobiçamos o espetáculo do milagre, a certeza dele. Como os judeus dos dias de Jesus, nós queremos que o Messias use poder de acordo com as nossas expectativas.

Não é errado pedir por um milagre. Eu mesma já pedi por alguns. Entretanto, nós devemos nos lembrar de que Jesus demonstrou poder sobre o reino físico para nos apontar para o seu poder sobre o reino espiritual. Cada milagre que Jesus realizou durante seu ministério terreno foi um sussurro. Foi apenas a borda. Assim como suas parábolas sussurravam uma

Incomparável

mensagem mais profunda que colheitas e retornos para o lar, seus milagres também sussurravam sobre uma transformação mais profunda que o acalmar de uma tempestade ou a cura de uma doença. Eles apontavam para o mais perplexo milagre de todos: a manifestação do seu poder para transformar o coração de pedra do homem em coração de carne.

DERRUBANDO O MITO DA ONIPOTÊNCIA HUMANA

Que os nossos corações sejam transformados num lugar de habitação mais apropriado para o Espírito do Senhor do que o é um tabernáculo ou um templo miraculoso em uma escala que não podemos imaginar. É de espantar a nossa mente que o trono de maior depravação se torne o trono de maior pureza. O Deus Todo-Poderoso coloca seu Espírito em nós, trabalhando poderosamente através de nós para realizarmos os seus propósitos. Paulo ora pelos santos para que vivam nesse poder:

> [...] para que, segundo a riqueza da sua glória, vos conceda que sejais fortalecidos com poder, mediante o seu Espírito no homem interior; e, assim, habite Cristo no vosso coração, pela fé, estando vós arraigados e alicerçados em amor, a fim de poderdes compreender, com todos os santos, qual é a largura, e o comprimento, e a altura, e a profundidade e conhecer o amor de Cristo, que excede todo entendimento, para que sejais tomados de toda a plenitude de Deus.

ONIPOTENTE

Ora, àquele que é poderoso para fazer infinitamente mais do que tudo quanto pedimos ou pensamos, conforme o seu poder que opera em nós, a ele seja a glória, na igreja e em Cristo Jesus, por todas as gerações, para todo o sempre. Amém! (Ef 3.16-21).

Seu poder está trabalhando em nós. Ele está trabalhando para nos ajudar a superar o pecado e a entender o tamanho de seu amor por nós. Nós ficamos admiradas com a manifestação do poder de Deus no mundo. Mas nós estamos apropriadamente fascinadas pela verdade mais profunda para a qual ela aponta? Às vezes, preciso que meus olhos sejam abertos novamente para a maior manifestação do poder de Deus que já presenciei: a transformação do meu coração em seu lugar de habitação. Seu poder brilha em minha fraqueza, conquistando o poder do pecado em minha vida. Seu poder brilha em minha força, transformando-a de ganho egoísta em serviço humilde. Sansão pode não ter compreendido a fonte de sua força e do propósito para o qual ela foi dada, mas nós podemos atentar para o seu exemplo e agir como aqueles que reconhecem o poder ilimitado do nosso Deus.

A verdade do poder ilimitado de Deus poderia ser absolutamente terrível se não fosse acompanhada da verdade de sua ilimitada bondade. Ele não é um ditador. Ele, que tem todo o poder, é benevolente em sua essência. Essa é a razão por que podemos confiar que ele é capaz de operar todas as coisas para o nosso bem. Nós diariamente testemunhamos os efeitos

Incomparável

devastadores do poder mal utilizado pelos humanos, do poder nos desastres naturais e da doença causando estragos num mundo caído. Mas, um dia, Jesus irá rasgar o céu em poder, proferindo um final "Aquietai-vos!". Até aquele dia, que sejamos fortes no Senhor, munidas e prontas para usar cada gota de nossa força, dada por Deus, para o bem.

VERSÍCULOS PARA MEDITAÇÃO

Sl 147.5

Jr 32.17, 27

Rm 1.20

Ef 1.18-20

Hb 1.3

PERGUNTAS PARA REFLEXÃO

1. Dos quatro tipos de poder discutidos (força física, beleza, riqueza e carisma), com qual você já teve alguma experiência? Qual deles você gostaria de ter em maior quantidade?

2. Com qual experiência pessoal você se sente impotente? Como ela lhe ensinou sobre a humildade? Como essa experiência poderia motivar você a agir em favor dos outros com o poder que o Senhor lhe tem confiado?

3. Como você é mais tentada a usar o poder de uma maneira não saudável? Sobre quem ou quais circunstâncias você mais deseja exercer o poder que somente Deus pode exercer?

4. Como o fato de Deus ser onipotente a consola pessoalmente? Como ele molda o seu entendimento quanto ao milagre da salvação?

ORAÇÃO

Escreva uma oração ao Senhor confessando como você tem usado o poder para benefício próprio. Peça-lhe que a ajude a

Incomparável

viver como alguém que reconhece que todo o poder é dado por Deus para ser usado para sua glória. Agradeça-lhe pelo dom do Espírito Santo, a fonte do poder na vida do crente. Louve-o pela simples verdade de sua onipotência.

10

Soberano

O DEUS DE INFINITO DOMÍNIO

Criador e soberano Senhor
Do céu, e da terra, e dos mares!
Tua providência confirma tua Palavra,
E responde aos teus decretos.
Isaac Watts

Eu esperei para falar sobre soberania no final. Por mais que me agradasse ter começado com ela, o fim é o seu lugar. Os melhores contadores de história da minha infância sabiam que isso era uma prática inteligente, deixar a revelação completa de quem é o real dominador para as cenas finais. Eu estou pensando em Nárnia, é claro. E no Senhor dos Anéis. E na *Bela Adormecida*. E em *A Espada Era a Lei*. E até mesmo em *Star Wars*, se você considerar a princesa Leia. Tais histórias reconhecem as reivindicações dos heróis aos tronos desde o começo, mas esperam compreender inteiramente sua majestade e autoridade nas páginas finais, quando nós os vemos, enfim, coroados e reinando.

Incomparável

Já tendo investido nosso tempo descobrindo as multifacetadas perfeições de Deus, nós finalmente estamos prontas para vê-lo coroado e governando, como talvez não estivéssemos no início. Nós estamos prontas para meditar sobre a sua soberania. A ideia do domínio infinito de Deus não é meramente difícil de entender, ela é difícil de ser crida, a menos que tenhamos passado tempo considerando outros aspectos de sua natureza. Estaria fora de ordem apresentar a você um Deus de infinita autoridade sem primeiro apontar para a sua onipotência. Embora a onipotência de Deus afirme que não há limites para a sua *capacidade* de agir, a soberania de Deus afirma que não há limites para a sua *autoridade* de agir. Assim também sua onisciência, sua onipresença, sua eternidade e sua imutabilidade singularizam não apenas sua capacidade de dominar, mas também que ele está eminentemente qualificado para isso. Cada atributo que consideramos até aqui tem nos movido em direção a esta inevitável conclusão: o único lugar correto e lógico para Deus habitar é em um trono.

Não é de se admirar que a Bíblia o retrate nesse lugar tão frequentemente. Seu trono é descrito como um local de adoração e celebração, mas também de temor e assombro. Um lugar para a correta reverência. O temor do Senhor é o princípio da sabedoria. Os sábios veem e celebram a Deus não apenas como seu pai, a quem devem adoração, mas também como seu rei a quem devem sua total aliança.

Eles oram, como Jesus os ensinou a orar: "Venha o teu reino, seja feita a tua vontade."

SOBERANO

DA BOCA DOS PEQUENINOS

Quando meu filho Matt era pequeno, nós lhe ensinamos a oração do Pai Nosso, aquele belo modelo de oração de submissão à autoridade divina. Mas a linguagem da versão bíblica *King James* apresentava um trava-línguas para as habilidades verbais do Matt de apenas três anos. Então toda noite, ele curvava sua cabeça e fervorosamente orava:

> Pai nosso *qui* tá no céu,
> Santificado seja o *meu* nome.
> Venha o *meu* reino, seja feita a *minha* vontade.
> *Sim* na terra como no céu.

Essa era a oração mais comicamente mal pronunciada de todos os tempos ou a mais transparentemente honesta. Matt proferia em voz alta o desejo que a maioria de nós repete apenas silenciosamente em nossos corações: venha o meu reino, seja feita a minha vontade.

Nós queremos o nosso domínio. Nós queremos o nosso reino, o nosso poder, a nossa glória. Nós queremos o próprio trono de Deus.

Porém, nós somos completamente desqualificados para ele. Somente Deus é qualificado. Mas de onde vem o seu direito? Os soberanos da terra governam pelo direito de nascimento, mas e quanto a Deus? O que dá a ele o direito de esperar e exigir a nossa aliança?

Incomparável

Nós devemos a Deus a nossa aliança por uma simples razão — não porque nós pecamos contra ele e nos sentimos culpadas, nem porque ele nos salvou e nos sentimos gratas — nós devemos a ele nossa obediência porque ele nos fez. Ele tem *autoridade* sobre nós porque ele é o nosso *autor*. É seu direito natural como nosso Criador. O oleiro forma o barro, e o barro não pode questionar seu projeto ou propósito.

Mas isso tampouco é necessário — ele é um bom oleiro, e sabe o que está fazendo.

Os norte-americanos, em particular, se irritam com a ideia de se submeterem inquestionavelmente a um governante. Somos tão embebecidos de democracia que nos sentimos como se devêssemos ter o direito de nos registrar para votarmos em todas as decisões da vida, tanto individuais quanto coletivas. O menor vislumbre da história humana afirma que se submeter inquestionavelmente a uma autoridade humana não é uma postura universalmente segura. É uma atitude que dá asas ao abuso. Nas mãos de homens pecadores, a autoridade pode ser (quase certamente é) mal utilizada. Humanos com autoridade absoluta ordenam submissão àquilo que lhes traz glória, a despeito do mal que eles infligem naqueles que governam.

Mas no caso de um soberano infinitamente benevolente, nossa submissão incondicional não é apenas desejável, ela é o único caminho seguro a seguir. Deus nunca requer submissão para um comando nocivo. Nenhum de seus mandamentos são prejudiciais. Ao ordenar o que lhe traz glória, ele ordena o que nos traz o bem. Ele pode apenas usar sua autoridade para o bem.

SORTEANDO E COBIÇANDO O CONTROLE

Qualquer discussão sobre a soberania de Deus me faz pensar sobre o jogo Bunco. Bem menos malicioso que seu primo de Las Vegas, o Craps[1], Bunco é um jogo de azar livre de regras excessivas, empregando um sistema de prêmios ao invés de apostas. Você precisa de apenas uma habilidade para jogar: ser capaz de lançar um par de dados. Se você tiver a maior pontuação, avança para a cobiçada Mesa do Vencedor, onde os prêmios são eventualmente distribuídos àqueles para quem a senhora Sorte sorriu.

A primeira vez que participei de uma partida de Bunco na minha vizinhança, eu aprendi uma lição sobre a natureza humana. Apesar do fato de que nós estávamos claramente jogando com a sorte, a mulher que organizou o grupo se sentou à Mesa dos Vencedores durante toda a noite, consistentemente ganhando partida após partida. Nem mesmo um segundo copo de vinho *merlot* embaçou sua vantagem competitiva. A *nerd* de Bíblia que há em mim ficou pensando: Se "a sorte se lança no regaço, mas do SENHOR procede toda decisão" (Pv 16.33), essa mulher está seriamente sob o favor de Deus. No fim da noite, fiquei maravilhada com o desafio brilhante contra as leis da probabilidade daquela mulher e comentei isso com a minha amiga que havia me convidado. Minha amiga riu.

"Ela ganha toda vez."

"Como isso é possível?", perguntei.

---

1 N do T: Jogo de azar em que são utilizados dois dados.

Incomparável

"Ela trapaceia. Ela se voluntaria a anotar o placar, mas coloca marcações extras em sua própria coluna. Como todas nós temos medo dela, a gente simplesmente a deixa ganhar."

As chances de vencer no Bunco (com a exceção dos trapaceiros) é de 50%. Mas as chances de qualquer grupo ter um brigão querendo controlar as coisas são, eu suspeito, maiores que isso. Tudo começa no parquinho e continua até as salas de reuniões dos mais altos cargos do governo. Alguém está sempre competindo por controle. Alguém está sempre buscando ascender ao trono, ascender ao lugar mais alto. No capítulo anterior, discutimos os efeitos do poder sobre os humanos. Agora consideraremos os efeitos de seu parente próximo, a autoridade. Enquanto o poder é o meio para realizar a mudança, a autoridade é o direito de realizar tal mudança, em quaisquer termos que aquele com autoridade escolher.

A autoridade humana — aquela dos governos e líderes — é delegada, concedida a nós temporariamente pelo Deus que tem toda a autoridade. No Antigo Testamento, Deus concede autoridade tanto para Israel como para os inimigos de Israel, conforme convém aos seus propósitos. No Novo Testamento, Jesus aponta para Pôncio Pilatos durante seu julgamento: "Nenhuma autoridade teria sobre mim, se de cima não te fosse dada" (Jo 19.11). O texto de Romanos 13.1 nos diz para submetermo-nos às autoridades terrenas: "Porque não há autoridade que não proceda de Deus; e as autoridades que existem foram por ele instituídas". Exerçam

SOBERANO

os governadores terrenos sua autoridade para o bem ou para o mal, em última análise, Deus está no controle. O controle está no cerne do que devemos entender quando falamos da soberania de Deus.

A questão que precisamos resolver concernente à soberania é esta: Quanto Deus controla?

A Bíblia faz a ousada e repetida declaração de que Deus controla não apenas muitas coisas ou a maioria das coisas, mas todas elas. Como R. C. Sproul comenta: "Se houver uma só molécula neste universo movimentando-se solta, totalmente livre da soberania de Deus, então nós não temos garantia de que sequer uma promessa de Deus será cumprida"[2]. Não há limites para o que ele controla. Assim, o que quer que ele deseja, ele faz. Ele está completamente livre para agir de acordo com o que decreta. Ele não precisa da permissão de ninguém. Porque ele não precisa de nada de pessoa alguma, conhece todas as coisas, está presente em todos os lugares e possui todo o poder, não existe ninguém capaz de prevalecer sobre os seus planos ou desfiá--los. "Nada pode impedi-lo, nem o compelir, nem o parar. Ele sempre é capaz de fazer o que quer, em todos os lugares, para sempre."[3]

Como disse Jó: "Bem sei que tudo podes, e nenhum dos teus planos pode ser frustrado" (Jó 42:2).

---

2 R. C. Sproul, Eleitos de Deus: O retrato de um Deus amoroso que providencia salvação para seres humanos caídos. 2 ed. (São Paulo, SP: Cultura Cristã, 2002).

3 A. W. Tozer, The Knowledge of the Holy: The Attributes of God, Their Meaning in the Christian Life (New York: Harper & Row, 1961), 170–71.

Incomparável

RECONHEÇA O PARADOXO,
AJA DE MANEIRA PRÁTICA

Porque nosso Deus controla todas as coisas, ele pode, em última análise, operar tudo para o nosso bem, mesmo aquelas coisas que para outros signifique o mal. Os teólogos falam de sua vontade ativa e sua vontade passiva. Ele trabalha ativamente por meio de nossa obediência, mas também trabalha passivamente por meio de nossa desobediência, como no caso dos irmãos de José, o qual reconheceu que Deus havia usado o que eles intentaram para o mal a fim de realizar seus bons propósitos.

Embora Deus controle todas as coisas, aqueles que fazem o mal ainda são responsáveis por suas escolhas pecaminosas. Como pode ser isso? Como podemos ser responsáveis por nossas escolhas se Deus é soberano? A soberania divina e a responsabilidade humana são verdades paralelas que devemos sustentar simultaneamente. A Bíblia afirma com veemência a soberania total de Deus e a livre agência do homem. O mesmo Jesus que disse: "Ninguém pode vir a mim se o Pai, que me enviou, não o trouxer", também diz: "Venham a mim, todos os que estão cansados e sobrecarregados, e eu lhes darei descanso" (Jo 6.44; Mt 11.28, NVI). Em nosso estado pecaminoso caído, não temos disposição natural de ir a Deus. Então, Deus nos regenera e muda a disposição de nosso coração, e, assim, de nossa própria vontade, a qual agora é liberta da escravidão, nós voluntariamente respondemos à sua chamada para irmos até

SOBERANO

ele e sermos salvos. Se nós, seres humanos, não pudéssemos fazer escolhas genuínas e responsáveis, então Deus seria injusto por nos punir pelo pecado. De fato, ele seria até responsável pelo pecado.

Como a nossa livre agência e a soberania de Deus podem coexistir é um mistério. No momento em que o humano e o divino se cruzarem, o paradoxo surgirá e nossas limitações humanas obscurecerão a forma como dois pontos aparentemente contraditórios conseguem ser ambos verdadeiros. É bom que lidemos com o paradoxo, mas se permitirmos que eles tirem nossos olhos de uma questão de maior relevância, perderemos o que é importante de verdade. E a questão é esta: quão comprometida você está com o mito de sua soberania própria?

Para chegar a uma resposta honesta, considere quatro áreas nas quais nós lutamos por controle.

1. Controlando nossos corpos

A forma como nos relacionamos com nossos corpos revela muito de nossa necessidade por controle. Cuidar de nossos corpos é uma questão de mordomia. Eles não são nossos. Eles nos foram dados para mantê-los em caminhos saudáveis. Mas quando ultrapassamos o limite e adentramos o controle doentio, passamos da mordomia para a idolatria. Isso pode adquirir a forma de preocupação obsessiva com dietas e exercícios, transtornos alimentares, medo excessivo de doenças e germes, hipocondria, medo de envelhecer ou apenas vaidade.

Incomparável

Como podemos saber quando ultrapassamos os limites da mordomia e passamos para o controle? Certamente, pelo impacto em nosso tempo, mas também pelo impacto em nossas palavras e em nossas carteiras. Quando desejamos o controle doentio sobre os nossos corpos, falamos sobre eles constantemente. Nossos métodos, expectativas e resultados conseguem entrar em nossas conversas e nas postagens das redes sociais. Racionalizamos o custo final de qualquer suplemento, procedimento médico, creme antienvelhecimento ou mensalidade de academia, considerando-os necessários para alcançar o nosso objetivo corporal.

Em última análise, nossa necessidade por controle impacta os nossos relacionamentos de maneira negativa. Julgamos aqueles que não seguem o nosso regime restrito, desprezando-os como indisciplinados quanto à sua saúde ou descuidados com sua aparência. E priorizamos nosso tempo livre e nossos recursos para nós mesmas ao invés de para os outros.

2. Controlando nossas posses

Assim como os nossos corpos, nossas posses são para a mordomia, não para fazermos com elas o que quisermos. Não é errado ter coisas, é apenas errado adorá-las. Quando ultrapassamos o limite e entramos no controle doentio, desenvolvemos uma preocupação obsessiva em adquirir, multiplicar e manter o que temos. Isso pode se manifestar na forma de acumulação, compra compulsiva, medo de usar o que se tem, porque pode ser danificado ou desgastado, cuidado compulsivo de uma propriedade, gerenciamento financeiro muito minucioso ou inabilidade de emprestar ou dar coisas a outros.

Acaso um arranhão em seu carro lhe mata? O fato de seu carro estar meticulosamente preservado é uma fonte de orgulho para você? A forma como nós reagimos ao dano ou à perda de posses revela se temos problemas de controle nessa área. Acumular dívidas para manter um estilo de vida é algo racional para você? Algo pode estar errado com a maneira como você enxerga suas coisas.

3. Controlando nossos relacionamentos

Todo relacionamento humano que nós temos é ordenado por Deus e é uma oportunidade de demonstrar amor preferencial a outra pessoa feita à imagem dele. Conflitos de relacionamento estão sempre ligados ao controle. Um desejo por controle doentio em um relacionamento pode se manifestar na forma de intimidação ou manipulação (verbal, emocional, física), marcas características do abuso. Sabemos como são os extremos — nós assistimos a eles nos jornais à noite ou temos a tristeza de conhecê-los pessoalmente. A maioria de nós não se encaixa na categoria "agressores", mas isso não significa que não somos controladores em algum nível.

Formas menores de controle se revelam como uma inabilidade de admitir que estamos erradas, uma necessidade de se ter a última palavra, uma necessidade de ser severa, uma atitude de "ou aceita ou cai fora". Se nos comportamos dessa forma com uma

Incomparável

criança, um cônjuge, uma amiga, um colega de trabalho, estamos exercitando controle de uma maneira não saudável.

Nenhuma situação é mais difícil de não exercer um comportamento controlador do que com aqueles sobre quem temos autoridade legítima. Pais, líderes de igrejas e líderes de negócios que amam excessivamente o controle irão cair num estilo de liderança autoritário, uma liderança que torna as regras mais importantes que os relacionamentos. Estar em posição de autoridade significa colocar limites para preservar o relacionamento. Não significa colocar limites que impeçam o relacionamento.

Uma amiga, certa vez, me contou que quando seus filhos se acusavam no meio de uma briga (uma batalha óbvia por controle), ela perguntava: "quem está sendo o mais gentil?". Que pergunta inteligente para se fazer sobre qualquer conflito de relacionamento. O amor preferencial pelos outros requer dominarmos nosso desejo de controlá-los. Você permite que o mau humor faça com que os outros fiquem pisando em ovos com você? Você espera que os outros sejam capazes de ler sua mente quando seus sentimentos estão feridos? Há algo implícito no seu discurso? Escolha a gentileza ao invés de optar pelo controle e veja seus relacionamentos se tornarem saudáveis.

4. Controlando nossas circunstâncias e ambientes

A vida é incerta. Embora Deus conheça o futuro, nós não o conhecemos, e a maior parte de nós não lida bem com a ambiguidade. Aqueles que querem controlar as circunstâncias tentam se precaver para cada contingência. Eles planejam de-

SOBERANO

masiadamente, transformando as tarefas mais simples nos maiores empreendimentos. Quanto menos controle eles percebem ter, mais comportamento controlador demonstram. Eles se sentam ao lado do motorista, oferecem conselho ou "ajuda" não solicitados em projetos e situações que não os envolvem diretamente, são servilmente pontuais quando ninguém está esperando por eles e lutam contra um desejo dominador de ser a pessoa que possui o controle remoto. Eles sabem a melhor forma de encher uma lava-louças, rearranjando-a, de modo sorrateiro, quando acham que ninguém está vendo.

Eles separam o lixo para a reciclagem quando a festa acaba, não importando quão tarde seja ou quão grande seja a quantidade de lixo. Eles não conseguem dormir até que tudo esteja realmente feito. Desenvolvem rotinas e rituais dos quais dependem para ter paz mental. As regras existem para tudo, desde a ordem em que devem comer a comida de um prato até como organizar adequadamente uma gaveta de meias. Se o espelho está torto na parede, você consegue passar por ele sem consertá-lo? Se não consegue, separe algum tempo para olhar para ele enquanto o arruma. Eu sei que tive de fazer isso para elaborar esses exemplos. Nem todos eles se adéquam a mim, mas muitos deles, sim. Ninguém me acusaria de ser compulsivamente pontual, mas sou bem conhecida por ser como um fariseu no que concerne à reciclagem e uma legalista da lava-louças. Você não precisa ser diagnosticada com transtorno obsessivo compulsivo para ter problemas com o controle sobre as circunstâncias e os ambientes. Precisa apenas ser um humano limitado.

Incomparável

DERRUBANDO O MITO DA SOBERANIA HUMANA

Quando buscamos controle, declaramos nossa crença de que nós, ao invés de um Deus onisciente, onividente, onipotente e infinitamente bom, deveríamos controlar o universo. Nossos problemas com controle surgem da especulação "e se". Nossa inabilidade de responder à pergunta "e se" definitivamente causa ansiedade — ansiedade sobre a probabilidade de o nosso reino vir e de a nossa vontade ser feita. Meu esposo sempre acalma minha ansiedade apontando-me para uma questão importante: qual é a pior hipótese? Falar sobre os meus medos quanto às situações, aos relacionamentos, às posses, ou ao meu corpo ajuda a me acalmar. Ou, mais precisamente, isso me ajuda a deixá-los aos pés do meu Pai celestial. É uma forma de confissão, deixar a minha boca falar aquilo de que está cheio o meu coração, dando voz aos meus incômodos medos e abandonando a minha necessidade por controle. É um reconhecimento de que o reino pertence a Deus.

> Teu, SENHOR, é o poder, a grandeza, a honra, a vitória e a majestade; porque teu é tudo quanto há nos céus e na terra; teu, SENHOR, é o reino, e tu te exaltaste por chefe sobre todos. Riquezas e glória vêm de ti, tu dominas sobre tudo, na tua mão há força e poder; contigo está o engrandecer e a tudo dar força (1Cr 29.11-12).

SOBERANO

Assim disse o rei Davi ao Rei dos Céus. E assim digo eu.

Sobre o que eu tenho controle? Sobre algumas coisas muito importantes. Meus pensamentos, os quais posso tornar cativos pelo poder do Espírito Santo. E se posso controlar meus pensamentos, posso controlar também a minha atitude — para com o meu corpo, minhas coisas, meus relacionamentos e minhas circunstâncias. Se meus pensamentos e minha atitude estão sob controle, minhas palavras também estarão, assim como as minhas ações. Os redimidos, de maneira obediente, submetem pensamentos, palavras e ações ao seu Senhor celestial, confiando a incerteza àquele que "faz todas as coisas conforme o conselho da sua vontade" (Ef 1.11). Eles se afastam do trono, reconhecendo que são completamente desqualificados para se sentarem nele.

Por quanto tempo mais você lutará com o seu Criador? Por quanto tempo mais você buscará o lugar mais alto? Jesus Cristo desceu ao lugar mais baixo para que você e eu pudéssemos ter comunhão com Deus. Por isso, o Pai o exaltou. Portanto, humilhe-se. O que é mais belamente humilde do que abandonar o controle?

Os melhores contadores de história da minha infância se valiam de uma fórmula de sucesso. Toda história verdadeiramente boa faz eco à melhor história de todas. A Bíblia narra a história de um rei cuja reivindicação ao trono é reconhecida desde o começo, mas cujas majestade e autoridade são apenas apreendidas por completo nas páginas finais

Incomparável

quando o vemos, enfim, coroado e reinando. Sua fiel declaração anunciada do trono é esta: "Eis que faço novas todas as coisas" (Ap 21.5).

"No céu está o nosso Deus e tudo faz como lhe agrada" (Sl 115.3). E tudo que lhe agrada é para o nosso bem.

SOBERANO

VERSÍCULOS PARA MEDITAÇÃO

Jó 23.13

Sl 33.11

Sl 115.3

Is 14.24

Dn 4.35

Rm 9.14-21

PERGUNTAS PARA REFLEXÃO

1. Dos quatro tipos de controle discutidos (corpo, posses, relacionamentos, circunstâncias), qual você mais deseja? Qual não é um problema para você?
2. Sobre quem Deus lhe deu autoridade? A quem Deus ordenou que você se submeta? Como o submeter--se à autoridade nos torna melhores para exercê-la e vice-versa?
3. Em qual área você mais se sente sem controle? Qual seria a pior situação para você? Confesse isso a Deus e peça a ele para lhe conceder a liberdade da ansiedade.
4. Como a soberania de Deus a consola pessoalmente? Como isso molda o seu entendimento sobre o milagre da salvação?

ORAÇÃO

Escreva uma oração ao Senhor, confessando como você tem buscado por controle de maneiras não saudáveis. Peça a ele para ajudá-la a confiar e a se submeter à autoridade dele em

Incomparável

pensamentos, palavras e ações. Agradeça-lhe por estar fazendo novas todas as coisas. Louve-o pela simples verdade da sua soberania.

TEMÍVEL E MARAVILHOSO

*Graças te dou, visto que por modo
assombrosamente maravilhoso me formaste.
Salmo 139.14*

Se você tivesse me dito, cinco anos atrás, que eu, um dia, escreveria um livro para mulheres cristãs que terminaria com essa citação específica do Salmo 139, eu provavelmente lhe daria um soco. Sem dúvida, nenhuma outra frase das Escrituras é mais intensamente aplicada a mulheres por outras mulheres bem-intencionadas, mas continue comigo enquanto tentamos enxergá-la com outros olhos. A fim de concluir o trabalho que temos à mão, penso que essa declaração merece uma segunda análise — por aquilo que ela fala sobre mulheres e, mais ainda, pelo que fala sobre Deus.

Incomparável

Recentemente, fui a uma conferência para mulheres com um alinhamento de três palestrantes diferentes. Em cada seção, cada palestrante comentou o Salmo 139.14, estimulando-nos a vermos a nós mesmas da forma como Deus nos vê, formadas de modo assombrosamente maravilhoso. Isso poderia ter acontecido em qualquer evento para mulheres, com qualquer palestrante. Diariamente, mulheres em nossa cultura combatem o pesado sentimento de que não somos suficientes. Mulheres cristãs frequentemente se valem do Salmo 139.14. Nós pedimos que ele abrande nossas hesitações quanto à imagem de nosso corpo, ou quando não nos sentimos inteligentes, valorizadas ou capazes. Pedimos que ele nos sustente quando nossos limites nos empurram para baixo. Mas, com base em quantas vezes a ouvi, suspeito que a mensagem já não chame mais atenção.

E por que isso acontece?

Eu acredito que seja porque nós diagnosticamos erroneamente o nosso problema primordial. O nosso principal problema como mulheres cristãs não é o fato de não termos autoestima nem de não termos um senso de valor. O problema é que nós não nos maravilhamos.

OLHE PARA CIMA

Numa visita recente à cidade de São Francisco, na Califórnia, Estados Unidos, meu esposo e eu tivemos a chance de fazer uma caminhada por Muir Woods. Andando pelo parque, paramos, de queixos caídos, para contemplar as sequoias de

CONCLUSÃO

setenta e seis metros de altura que lá estão desde a assinatura da Carta Magna. Altaneiras e antigas, elas nos lembraram de nossa pequenez, de que somos como o dia de ontem. Muir Woods é um lugar para se maravilhar. Mas não necessariamente o é para todo mundo. Eu ainda posso me lembrar de um garotinho de oito anos, jogando videogame, enquanto seus pais contemplavam a vista. Não estou julgando o pai e a mãe — eu já saí de férias com crianças pequenas — mas a ironia daquela cena era interessante.

Pesquisas mostram que quando os humanos experimentam o senso de admiração — maravilhando-se com sequoias ou com um arco-íris, com Rembrandt ou Rachmaninoff — nos tornamos menos individualistas, menos focados em nós mesmos, menos materialistas e mais conectados com aqueles à nossa volta[1]. Ao nos maravilharmos com algo maior do que nós mesmos, tornamo-nos capazes de nos voltar para os outros. Num primeiro momento, isso parece contraintuitivo, mas num exame mais cuidadoso, começa a soar muito parecido com o grande mandamento: ame a Deus de coração, alma, mente e força (maravilhe-se com alguém maior do que você), e ame o seu próximo (volte-se para os outros). A admiração nos ajuda a nos preocuparmos menos com a nossa autoestima, voltando nossos olhos primeiro para Deus, e, então, para os outros. Isso também ajuda a estabelecer nossa autoestima da

---

1 Paul Piff e Dacher Keltner, "Why Do We Experience Awe?" The New York Times, 22 de maio de 2015, http://www.nytimes.com/2015/05/24/opinion/sunday/why-do-we-experience-awe.html?smid=tw-share&r=1.

Incomparável

melhor maneira possível: nós entendemos tanto nossa insignificância no meio da criação quanto a nossa importância para o Criador. Mas, assim como uma criança com um *iPad* diante de uma sequoia de oitocentos anos, nós podemos perder de vista a majestade, mesmo quando ela está bem à nossa frente.

Nós habitualmente fazemos isso com o versículo 14 do Salmo 139. É fácil ouvi-lo como um "versículo feminino" quando uma mulher o lê em voz alta numa sala cheia de mulheres. É, porém, mais difícil ouvi-lo dessa forma quando refletimos sobre quem o escreveu. Imagine o rei Davi escrevendo o versículo para se animar quanto à sua aparência ou sua autoestima. Não, o versículo 14 não está escrito para nos ajudar a nos sentirmos importantes. Basta que nos afastemos e consideremos o salmo por inteiro para observarmos isso. Sem questionamentos, o sujeito do Salmo 139 não somos nós. É Deus.

> *SENHOR, tu me sondas e me conheces.*
> *Sabes quando me assento e quando me levanto; de longe*
> *penetras os meus pensamentos.*
> *Esquadrinhas o meu andar e o meu deitar e conheces todos os meus caminhos.*
> *Ainda a palavra me não chegou à língua, e tu, SENHOR,*
> *já a conheces toda.*
> *Tu me cercas por trás e por diante e sobre mim pões a mão.*
> *Tal conhecimento é maravilhoso demais para mim: é sobremodo elevado, não o posso atingir.*

CONCLUSÃO

Ele sonda, conhece, penetra os pensamentos — onisciente.

Ele está por trás e por diante — eterno.

Ele está além do entendimento humano — incompreensível.

Para onde me ausentarei do teu Espírito? Para onde fugi-
rei da tua face?

Se subo aos céus, lá estás; se faço a minha cama no mais
profundo abismo, lá estás também;

se tomo as asas da alvorada e me detenho nos confins dos
mares,

ainda lá me haverá de guiar a tua mão, e a tua destra me
susterá.

Se eu digo: as trevas, com efeito, me encobrirão, e a luz ao
redor de mim se fará noite,

até as próprias trevas não te serão escuras: as trevas e a
luz são a mesma coisa.

Ele está perto e longe, acima e embaixo — onipresente.

Sua mão direita sustenta — autossuficiente.

Pois tu formaste o meu interior, tu me teceste no seio de
minha mãe.

Graças te dou, visto que por modo assombrosamente ma-
ravilhoso me formaste; as tuas obras são admiráveis, e a
minha alma o sabe muito bem;

os meus ossos não te foram encobertos, quando no oculto
fui formado e entretecido como nas profundezas da terra.

Incomparável

> *Os teus olhos me viram a substância ainda informe, e no teu livro foram escritos todos os meus dias, cada um deles escrito e determinado, quando nem um deles havia ainda.*

Ele cria vida — autoexistente.
Ele faz obras admiráveis — onipotente.
Ele ordena cada dia — soberano.

> *Que preciosos para mim, ó Deus, são os teus pensamentos! E como é grande a soma deles!*
> *Se os contasse, excedem os grãos de areia; contaria, contaria, sem jamais chegar ao fim.*

Ele é imensurável — infinito.
Ele permanece — imutável.

Onisciente, eterno, incompreensível, onipresente, autossuficiente, autoexistente, onipotente, soberano, infinito, imutável. Não, o Salmo 139 não é um salmo sobre mim, criada de modo assombrosamente maravilhoso. Ele é um salmo sobre o meu Criador, temível e maravilhoso.

É um salmo que busca inspirar admiração.

RESPONDENDO À ADMIRAÇÃO

Mas Davi não para na admiração, com queixo caído. Sua admiração gera uma resposta. Nós chegamos à parte do Salmo 139 que a conferência de mulheres raramente menciona. Não sendo adequado para uma caneca ou uma camiseta, os versículos nos chocam:

196

CONCLUSÃO

*Tomara, ó Deus, desses cabo do perverso; apartai-vos,
pois, de mim, homens de sangue.
Eles se rebelam insidiosamente contra ti e como teus inimigos falam malícia.
Não aborreço eu, SENHOR, os que te aborrecem? E não
abomino os que contra ti se levantam?
Aborreço-os com ódio consumado; para mim são inimigos
de fato.*

À primeira vista, nossos ouvidos modernos não sabem como ouvir a sede de sangue de Davi contra seus inimigos. Não deveria a reverência a Deus nos inspirar a amar os outros? No tempo de Davi, a batalha ainda era contra a carne e o sangue, mas, em nossos dias, somos chamados a amar os nossos inimigos físicos e a fazer guerra santa contra o nosso inimigo espiritual — o mundo, a carne e o diabo. Nossa resposta à revelação maravilhosa do caráter de Deus deveria ser esta: odiar o pecado com todo o nosso ódio, com cada fibra do nosso ser, e pedir a Deus que o submeta à total destruição. Mas note de quem eram os pecados que mais preocupavam Davi à luz da glória de Deus:

*Sonda-me, ó Deus, e conhece o meu coração, prova-me e co-
nhece os meus pensamentos;
vê se há em mim algum caminho mau e guia-me pelo caminho eterno.*

Sonda-me. Prova-me. Expõe-me. Guia-me. A admiração gera humildade, confissão e submissão.

Incomparável

TRILHE O CAMINHO

Nós passamos dez capítulos tentando iniciar a aceitação de nossos limites à luz de nosso Deus ilimitado. Se, ao considerar dez coisas que são verdadeiras apenas quanto a Deus, você sentiu o despertar da admiração, deixe que a sua resposta seja a mesma de Davi. Que adoração melhor podemos oferecer do que a nossa disposição em enxergar e confessar o pecado? Nossa disposição em andar pelo caminho eterno, o caminho da sabedoria?

Assim como o Salmo 139 exalta os atributos de Deus, da mesma forma também o faz toda a Escritura. Leia-a com novos olhos, olhos de quem tem fome de uma visão mais sublime de quem Deus é. Esse é o caminho da sabedoria, ladrilhado de admiração, cercado por todos os lados com as altaneiras sequoias da majestade de Deus, que nos deixa maravilhadas, com os joelhos trêmulos, e cheias do temor do Senhor. Eis aí o seu Criador, temível e maravilhoso. Erga os seus olhos. Não perca essa visão.

O temor do Senhor é o princípio da sabedoria. Você está de frente para a trilha — basta apenas começar. Que Deus lhe conceda admiração em cada olhar. Que Deus lhe conceda sabedoria em cada passo.

O Ministério Fiel tem como propósito servir a Deus através do serviço ao povo de Deus, a Igreja.

Em nosso site, na internet, disponibilizamos centenas de recursos gratuitos, como vídeos de pregações e conferências, artigos, e-books, livros em áudio, blog e muito mais.

Oferecemos ao nosso leitor materiais que, cremos, serão de grande proveito para sua edificação, instrução e crescimento espiritual. Assine também nosso informativo e faça parte da comunidade Fiel. Através do informativo, você terá acesso a vários materiais gratuitos e promoções especiais exclusivos para quem faz parte de nossa comunidade.

Visite nosso website

www.ministeriofiel.com.br

e faça parte da comunidade Fiel

Impressão e Acabamento | Gráfica Viena
Todo papel desta obra possui certificação FSC® do fabricante.
Produzido conforme melhores práticas de gestão ambiental (ISO 14001)
www.graficaviena.com.br